A POTENCIALIZAÇÃO DAS FERRAMENTAS DE MARKETING ATRAVÉS DO ESTUDO DA HIERARQUIA DE EFEITOS

Talita Botelho Bruzzi

Bernardo Larreta de Azevedo Rodrigues

Rio de Janeiro

Julho de 2005

Desejamos este projeto à nossas Grandes Mães
por todo o esforço e dedicação com nossa criação
ao longo destes vinte e poucos anos.

BRUZZI, TALITA BOTELHO

RODRIGUES, BERNARDO LARRETA DE AZEVEDO

A POTENCIALIZAÇÃO DAS
FERRAMENTAS DE MARKETING ATRAVÉS DO
ESTUDO DA HIERARQUIA DE EFEITOS
[Rio de Janeiro] 2005
(DEI-POLI/UFRJ, Engenharia de Produção,
2005)
vii   p. 62   29,7 cm
Projeto de Fim de Curso – Universidade
Federal do Rio de Janeiro, Escola Politécnica,
Departamento de Engenharia Industrial, Curso de
Engenharia de Produção

1 – Ferramentas de Marketing ,

2 – Hierarquia de Efeitos,

3 – Eficiência

Resumo do Projeto de Fim de Curso apresentado ao Departamento de Engenharia de Produção da Escola Politécnica do Departamento de Engenharia Industrial da Universidade Federal do Rio de Janeiro como parte dos requisitos necessários para a obtenção de grau de Engenheiro de Produção.

A POTENCIALIZAÇÃO DAS FERRAMENTAS DE MARKETING ATRAVÉS DO ESTUDO DA HIERARQUIA DE EFEITOS

Bernanrdo Larreta de Azevedo Rodrigues

Talita Botelho Bruzzi

Julho/2005

Orientadora: Maria Alice Ferruccio Rainho

Programa: Engenharia de Produção

Resumo:

A Hierarquia de Efeitos busca entender e demonstrar a série de estágios que os consumidores passam desde o momento que não têm consciência da existência de um produto até o momento que decidem comprá-lo.

Este projeto visa mostrar como utilizar a Hierarquia de Efeitos de forma adaptada para fazer um diagnóstico da marca, identificar problemas-chave para, com isso, desenvolver as ferramentas de marketing mais eficientes para a melhoria da performance da marca, trazendo o maior retorno sobre os investimemtos de marketing.

ÍNDICE

1. **MARKETING** 4
    1.1. As Bases de Marketing – 4 P's 7
        1.1.1 Produto 7
        1.1.2 Preço 8
        1.1.3 Praça 8
        1.1.4 Promoção 8
    1.2. Marcas e seu Valor 8
    1.3. O Comportamento do Consumidor 10
        1.3.1 O Processo de Decisão do Comprador 13
        1.3.2 Possíveis influências no Processo de Decisão 14

2. **OS ESTUDOS SOBRE OS EFEITOS DA COMUNICAÇÃO NO CONSUMIDOR** . 18
    2.1. O Modelo AIDA 18
    2.2. O Modelo AIDAS 19
    2.3. O Modelo Hierarquia de Efeitos 19
        2.3.1 A Hierarquia de Efeitos no que diz respeitos a estágios de efeitos mentais 21
        2.3.2 A Hierarquia de Efeitos no que diz respeitos a estágios de atitudes. 22

3. **A UTILIZAÇÃO DA HIERARQUIA DE EFEITOS** 25
    3.1. A Utilização da Hierarquia de Efeitos de Forma Adaptada 25
    3.2. A Utilização da Hierarquia de Efeitos No Processo de Planejamento de Marketing   26
        3.2.1 Planejamento de Marketing 26
        3.2.2 O Planejamento de Marketing e a Hierarquia de Efeitos 32
    3.3. A Aplicação da Hierarquia de Efeitos 33
        3.3.1 Desenvolvimento da Pirâmide de Efeitos de Comunicação 33
        3.3.2 Identificar as áreas de oportunidade da marca em comparação ao modelo (benchmark)   34
        3.3.3 Converter a área de oportunidade para a contribuição monetária para a marca   36
        3.3.4 Ajustar a contribuição através da canibalização dentro do segmento 40
        3.3.5 Selecionar a melhor oportunidade como o gargalo 41
        3.3.6 Entender as possíveis causas (direcionadores) e construir um Plano de Marca (Brand Plan) para superar a deficiência da marca (gargalo) 42

4. **A UTILIZAÇÃO DAS FERRAMENTAS DE MARKETING DE FORMA EFICIENTE 44**

- 4.1. Canais de Comunicação ATL 45
- 4.2. Canais de Comunicação BTL 46

5. UM CASO COMO EXEMPLO 49

- 5.1. Desenvolvendo a Pirâmide de Efeitos da Comunicação 50
- 5.2. Identificando as Áreas de Oportunidade da Marca em Comparação ao Modelo (Benchmark) 51
- 5.3. Convertendo a Área de Oportunidade para Contribuição Financeira para a Marca   53
- 5.4. Ajustando a contribuição através da canibalização dentro do segmento   55
- 5.5. Entendendo as Possíveis Causas e Construindo o Plano da Marca 58

6. CONCLUSÃO 59

7. REFERÊNCIAS BIBLIOGRÁFICAS 61

8. APÊNDICES 1

- 8.1. Apêndice 1 – Estágios da Pirâmide para diferentes indústrias 1
- 8.2. Apêndice 2 – Questionário para Pesquisa identificação do nível de relacionamento do consumidor com a marca Brahma 2

9. ANEXO - VALOR DAS MARCAS 3

ÍNDICE DE FIGURAS

FIGURA 1 - COMPONENTES DO MARKETING ESTRATÉGICO (ADAPTADA DE PRIDE E FERREL, 2000, P.4)...7

FIGURA 2 - QUATRO TIPOS DE COMPORTAMENTO DE COMPRA (ADAPTADO DE ASSAEL, 1987, IN KOTLER, 1998. P. 107)..11

FIGURA 3 - PROCESSO DE DECISÃO DO CONSUMIDOR (PRIDE E FERREL, 2000, P.197) 13

FIGURA 4 - HIERARQUIA DE NECESSIDADES DE MASLOW (IN KOTLER, 1998, P. 103, ADAPTADO DE MASLOW, 1970)..16

FIGURA 5 - O MODELO AIDA (OS AUTORES) 19

FIGURA 6 - ESTÁGIOS DO COMPRADOR (KOTLER, 1998, P. 320) 21

FIGURA 7 - AIDA E HIERARQUIA DE EFEITOS (CRELLEY E HOEGER, 2005) 23

FIGURA 8 - PIRÂMIDE DE EFEITOS DE COMUNICAÇÃO (BELCH, 2004, IN FALCO, 2005) 24

FIGURA 9 - PLANEJAMENTO DE MARKETING (OS AUTORES)..26

FIGURA 10 - PROCESSO DE SELEÇÃO DE MERCADO ALVO (PRIDE E FERREL, 2000, P.166) 30

FIGURA 11 - EXEMPLO DE PIRÂMIDE COM TAXAS DA PIRÂMIDE (OS AUTORES).....................................34

FIGURA 12 - EXEMPLO DE PIRÂMIDE COM TAXAS DE CONVERSÃO (OS AUTORES) 35

FIGURA 13 - EXEMPLO DE PIRÂMIDE COM TAXAS DE CONVERSÃO AO PREENCHER ÁREA DE OPORTUNIDADE (OS AUTORES) 37

FIGURA 14 - PASSO A PASSO PARA CÁLCULO DA CONTRIBUIÇÃO MONETÁRIA (OS AUTORES) 39

FIGURA 15 - CÁLCULO DE CONTRIBUIÇÃO MONETÁRIA (OS AUTORES) 40

FIGURA 17 - PIRÂMIDE DE COMUNICAÇÃO DAS MARCAS DE CERVEJA (OS AUTORES) 51

FIGURA 18 - TAXAS DE CONVERSÃO DAS PIRÂMIDES (OS AUTORES) 51

FIGURA 19 - COMPARAÇÃO DA BRAHMA COM BENCHMARK (OS AUTORES) 52

FIGURA 20 – CENÁRIOS FUTUROS DAS TAXAS DE CONVERSÃO DA BRAHMA (OS AUTORES) 53

FIGURA 21 - CENÁRIOS FUTUROS DAS TAXAS DA PIRÂMIDE DA BRAHMA (OS AUTORES)............................53

FIGURA 22 - CONTRIBUIÇÃO MONETÁRIAS NOS CENÁRIOS FUTUROS (OS AUTORES)..................................55

FIGURA 23 - FONTES PERCENTUAIS DE PESSOAS QUE PODEM SER CONQUISTADAS, POR ESTÁGIO (OS AUTORES)..56

FIGURA 24 - GANHO MÉDIO POR ESTÁGIO (OS AUTORES) 57

FIGURA 25 - CONTRIBUIÇÃO MONETÁRIA COM EFEITO DA CANIBALIZAÇÃO (OS AUTORES) 57

FIGURA 26 - VALOR DAS MARCAS MUNDIAIS (IN NAVACINSK E TARSITANO, 2003)............................3

FIGURA 27 - RANKING DAS MARCAS BRASILEIRAS MAIS VALIOSAS (INTERBRAND, IN NAVACINSK E TARSITANO, 2003) 4

Introdução

Passamos hoje por um cenário extremamente competitivo na maioria dos setores, com tecnologia desenvolvida, diversas ofertas de produtos de características semelhantes. Neste contexto, os ativos intangíveis se mostram com essencial importância, dentre os quais podemos citar a força das marcas. Os investimentos em Propaganda e Marketing aumentam cada vez mais, em busca de criação de valor para estas. "Segundo um estudo elaborado pelo banco de investimentos de Nova Iorque Veronis Suhler Stevenson, especializado no setor de mídia, em 2003 o investimento em publicidade nos EUA subiu 3,2%, alcançando US$ 176 bilhões." (Nogueira, 2005)[1]

Adicionalmente, há uma crescente necessidade para que estes investimentos em publicidade sejam aplicados com a maior eficiência possível, ou seja, gastos para falar com as pessoas certas, no momento certo e ao menor custo possível. Isto ocorre não só devido ao aumento da competitividade e oferta de marcas, mas também porque os hábitos dos consumidores estão mudando.

Um empregado que na volta do trabalho resolve parar em um pequeno boteco para tomar um chope com os amigos encontra paredes ocupadas por cartazes de cerveja, móbiles pendurados no teto anunciando chicletes, peças promovendo marcas de cigarros e muito mais. A quantidade de informações despejadas sobre esse indivíduo torna-se impossível de ser absorvida. O próprio é capaz de armazenar em sua mente poucas dessas propagandas.

Além disso, cada vez menos os consumidores dedicam seu tempo ao acesso dos antigos meios de comunicação financiados pelas propagandas (televisão, jornal, revistas). Na reportagem "Pagando para não ver anúncios", Nemércio Nogueira afirma que, entre 1998 e 2003, o tempo dedicado pela população americana com TV aberta, revistas e jornais reduziu-se em 7 pontos percentuais. O grande problema é que as empresas que não buscam um investimento eficiente acabam demandando uma quantia

---

[1] Retirado da reportagem "Pagando para não ver anúncios", de Nemércio Nogueira de 1º de fevereiro de 2005, publicado no Portal da Propaganda http://www.portaldapropaganda.com/marketing/relacoes_publicas/2005/01/0001

muito maior para atingir os objetivos esperados, ou pior, correm o risco de realizarem um mal investimento, aplicando o dinheiro, mas não tendo o retorno esperado.

Todos estes investimentos em propaganda são realizados em busca de agregar valor para a marca, atraindo o interesse e compra dos consumidores. Isto tudo é necessário pois, muitas vezes, é apenas o nome da Marca que diferencia dois produtos iguais e fazem os consumidores decidirem comprar um deles. Quando, por exemplo, um indivíduo percebe em casa que algumas coisas estão faltando, dentre as quais sabão em pó, vai até o supermercado e, ao chegar lá, se depara com uma gama de opções: Brilhante, Ace, Omo, Ariel, Bio Brilho, Bold, Minerva, e por aí vai. E como decidir qual comprar? O indivíduo faz sua decisão, pega uma caixa de um deles, a coloca dentro de seu carrinho de compras e segue em busca do próximo item de sua lista. Aí fica a pergunta: como exatamente ele decidiu, dentre todas as opções, por aquele específico?

Esta é a grande questão para os profissionais de marketing e publicitários. A grande dificuldade é que nem mesmo os consumidores sabem explicar porque decidem comprar aquele produto específico. É notório que propagandas influenciam o processo de decisão e escolha por um produto, mas não se sabe exatamente como isto funciona e o quão eficiente é. "A situação parece que, apesar de ninguém no mundo de negócios ter certeza como a propaganda funciona, existe um consenso de que é necessária e de que vale a pena a grande quantia de dinheiro gasta com campanhas". (BERGER, 2000, p. 1)

Neste projeto buscaremos fazer um estudo sobre a hierarquia de efeitos, os estágios pelo qual uma pessoa passa, desde o desconhecimento total de um produto, passando pelo ato da compra, até o momento de completa fidelidade. Nosso objetivo é identificar como o estudo do comportamento do consumidor e das diversas teorias que envolvem o seu processo de compra podem auxiliar publicitários e profissionais de marketing a desenvolverem campanhas mais eficazes e medir seus resultados com maior curacidade.

Adicionalmente, sabemos que atualmente inúmeras são as ferramentas de marketing disponíveis. Buscaremos, mais especificamente, identificar como o estudo da hierarquia de efeitos pode ajudar na proposição das ferramentas de marketing mais adequadas para o caso de cada marca.

Acreditamos que o estudo do relacionamento do consumidor pode dar um bom diagnóstico da performance das marcas e sugerir ferramentas mais adequadas dependendo da situação da empresa ou marca, junto a seus consumidores.

Para realizar este estudo, faremos pesquisas indiretas, ou seja, utilizando dados secundários em livros e artigos já publicados sobre o assunto.

Começaremos nosso projeto no Capítulo 1 com uma introdução geral sobre marketing, falando mais especificamente sobre marcas e comportamento do consumidor, assuntos que permeiam nosso estudo. Em seguida, no Capítulo 2, partiremos para apresentar o que há de estudo sobre a forma que a propaganda impacta os consumidores e como eles se comportam para resolverem comprar um produto, apresentando os estudos da Hierarquia de Efeitos. No Capítulo 3, sugeriremos como utilizar a Hierarquia de Efeitos para tornar o processo de planejamento de marketing mais eficiente. No Capítulo 4, falaremos sobre as ferramentas de marketing, apontando a melhor utilização de cada uma delas de acordo com a performance da marca. No último capítulo, mostraremos um caso fictício, servindo apenas como exemplo para tornar nossos estudos e sugestões mais inteligíveis para os leitores.

1. MARKETING

Podemos definir Marketing de diversas maneiras, mas antes de adotarmos uma compreensão específica da área, é interessante analisar sua evolução.

Em 1960, a Associação Americana de Marketing definia Marketing como as atividades de negócios que dirigem o fluxo de bens e serviços do produtor ao consumidor ou utilizador. Porém, devido ao desenvolvimento do comércio e maior abertura dos mercados, a definição de Marketing precisou ser revista e atualizada. Em 1965, a Universidade do Estado de Ohio definiu Marketing como o processo na sociedade pelo qual a estrutura da demanda para bens econômicos e serviços é antecipada ou abrangida e satisfeita através da concepção, promoção, troca e distribuição física de bens e serviços (COBRA, 1997, in ALVES, 2002[2]).

Em 1969, em seu artigo *"Beyond Marketing: The Furthering Concept"*, publicado no *California Management Review*, Philip Kotler e Sidney Levy definiram o Marketing abrangendo, também, as instituições que não geravam lucros. Desde então, o Marketing começou a tomar maiores proporções, agindo em vários setores da sociedade, que variam de empresas comerciais a prestadoras de serviços. Dentro dessa visão, Philip Kotler define Marketing como "a arte e a ciência da escolha de mercados-alvo e da captação, manutenção e fidelização de clientes por meio da criação, da entrega e da comunicação de um valor superior para o cliente". (KOTLER, 2000, in ALVES, 2002).

Hoje, encontram-se os mais diversos sentidos para a palavra e esta multiplicidade de definições torna o conceito de marketing amplo. Abaixo, seguem definições de diferentes correntes.

---

[2] Alves, N.F. – "a utilização do composto mercadológico no marketing político brasileiro" – 22/09/02, artigo publicado no Portal RP

http://www.portal-rp.com.br/bibliotecavirtual/administracaoemarketing/0129.htm

Theodore Levitt :

Para Levitt "o primeiro negócio de qualquer negócio é continuar no negócio. Para tanto, é preciso gerar e manter consumidores" (LEVITT, 1960, in SILVA, 1997[3]) Disse Levitt sobre a distinção entre vendas e marketing, pedra fundamental de sua tese: "A diferença entre marketing e vendas é mais do que semântica. Vendas têm seu foco nas necessidades do vendedor, marketing nas do comprador. Vendas preocupam-se com a necessidade do vendedor de converter seu produto em dinheiro; marketing preocupa-se com a idéia de satisfazer as necessidades do consumidor com o produto".

Esta visão de Levitt fazia com que ele se posicionasse em relação a Henry Ford da seguinte maneira: "Em um certo sentido, Ford foi ao mesmo tempo o mais brilhante e o mais insensato homem de marketing da história americana. Ele foi insensato porque se recusou a oferecer ao consumidor outra coisa que não um carro preto. Ele foi brilhante porque forjou um sistema de produção desenhado para atender às necessidades de mercado. Nós habitualmente celebramos Ford pela razão errada: sua genialidade em produção. Sua real genialidade era em marketing. Nós pensamos que ele foi capaz de diminuir seu preço de venda e, em conseqüência, vender milhões de carros de 500 dólares porque sua invenção da linha de montagem tinha reduzido os custos. Na verdade, ele inventou a linha de montagem porque concluiu que a 500 dólares ele poderia vender milhões de carros. Produção em massa foi a conseqüência, e não a causa, de seus preços baixos". (LEVITT, 1960, in SILVA, 1997). Desta forma, ele conclui seu posicionamento em relação aos negócios da seguinte forma: "A visão de que uma indústria é um processo de satisfação de consumidores, e não um processo de produção de bens, é vital para todos os homens de negócios. Uma indústria começa com o consumidor e suas necessidades, não com uma patente, uma matéria-prima ou um talento para vendas".". (LEVITT, 1960, in SILVA, 1997)

American Marketing Association:

A definição oficial da Associação Americana de Marketing, desde 1985, é que "marketing é o processo de planejamento e execução do conceito, do preço, da

---

[3] Silva.A – "Afinal o que é Marketing?" – 30/07/1997 – reportagem da Revista Exame - http://www.perspectivas.com.br/leitura/mar2.htm

comunicação e da distribuição, de idéias, bens ou serviços, de modo a criar trocas que satisfaçam objetivos individuais e organizacionais. A essência do Marketing é o desenvolvimento de trocas em que as organizações e clientes participam voluntariamente de transações destinadas a trazer benefícios para ambos." (AMA, in PEPPERS, 2004[4])

Peter Drucker:

No início dos anos 60, Peter definiu que "a primeira tarefa de uma companhia é gerar consumidores". Para ele, "marketing é tão básico que não pode ser considerado uma função em separado. Marketing é o negócio analisado do ponto de vista do seu resultado final, ou seja, do ponto de vista do cliente. O sucesso nos negócios não é determinado pelo produtor, mas pelo consumidor" (DRUCKER, in SILVA, 1997). Foi uma grande mudança de foco. Até a década de 50, quem definia o que era oferecido ao mercado era o vendedor, visto que, nos Estados Unidos, as empresas geravam seus produtos e, através de um esforço de vendas, o vendiam aos consumidores.

Para o marketing, quem define o que será oferecido ao mercado é o próprio mercado, ao determinar suas necessidades e desejos, o que dá diretrizes para as empresas produzirem. Faz-se desnecessário o esforço de vendas, já que já estarão oferecendo produtos de interesse dos consumidores. Nas palavras de Drucker "Haverá sempre alguma necessidade de vender. Mas o objetivo do marketing é conhecer e compreender o consumidor tão bem que o produto ou o serviço o atenda completamente e, em conseqüência, se venda sozinho. Idealmente, o marketing deve resultar em um consumidor que está pronto para comprar. Tudo o que é preciso fazer é tornar disponível o produto ou serviço"(DRUCKER, in SILVA, 1997).

Finalmente, pelas definições acima podemos perceber que o marketing engloba uma série de decisões e ações relacionadas ao produto (idéia, bem ou serviço), à definição do seu preço, à estratégia da sua comunicação e à logística da sua distribuição, para, como principal objetivo, atender aos desejos e necessidades do cliente, isto é, ter o produto certo, à disposição no lugar certo, na hora certa, e que o cliente tenha

---

[4] Peppers e Rogers, "AMA redefine o Marketing: O que importa é o Cliente." – 11/11/2004 – Artigo publicado no informativo *Inside 1 to 1*, do Grupo Peppers & Rogers Consulting

conhecimento disso, satisfazendo todas as suas expectativas, com o menor custo possível, visando o aumento da lucratividade da empresa, como resultado do adequado planejamento destas ações.

1.1. AS BASES DE MARKETING – 4 P'S

Além de explicações conceituais de marketing, muitas bibliografias definem marketing através dos 4 estímulos (PRIDE e FERREL, 2000, p.6) de Marketing, conhecidos como os 4 P's de Marketing: Praça, Preço, Promoção e Produto.

1.1.1 Produto

Neste contexto, um produto pode ser um bem, objeto, serviço ou até mesmo uma idéia (como conceitos, filosofias, imagens).

Esta variável de marketing refere-se à variedade do produto, qualidade, características, nome da marca, design, embalagem, tamanhos, serviços, garantias, devoluções etc.

Figura 1 - Componentes do Marketing Estratégico (adaptada de PRIDE e FERREL, 2000, p.4)

Trata-se de um elemento fundamental do marketing integrado, pois é ele que poderá ser o responsável pela vida e sobrevivência da empresa.

1.1.2 Preço

Esta variável de marketing está relacionada às decisões e ações envolvidas no processo de estabelecimento de objetivo dos preços, políticas de precificação e a própria determinação dos preços. Envolve o preço básico, descontos, prazos de pagamento, condições de crédito etc, adequados à estratégia da empresa.

A definição dos preços busca a maximização dos lucros de forma que promova a sobrevivência da empresa, gerando receita para a empresa, ao mesmo tempo que garante a satisfação dos clientes.

1.1.3 Praça

Esta terceira variável diz respeito às formas como os produtos são disponibilizados aos consumidores, buscando estar ao seu alcance nos locais certos e nos momentos certos. Diz respeito aos canais de distribuição, distribuição física (estoque), transporte, armazenagem, ponto de venda e etc.

A praça onde o produto será oferecido deve estar de acordo com a estratégia, seja com o objetivo de torná-lo disponível para qualquer tipo de público ou, até mesmo, o contrário, causando falta e um conseqüente sentimento de curiosidade e vontade de obtê-lo.

1.1.4 Promoção

A última variável de marketing é a que diz respeito às atividades utilizadas para informar aos consumidores sobre a existência de uma empresa ou produto. Trata-se do composto de marketing de comunicações.

Dentre as diversas formas de promoção existentes, podemos listar: venda pessoal, propaganda, promoção de vendas, publicidade, relações públicas, marketing direto (mala direta, telemarketing) e entre outras.

1.2. MARCAS E SEU VALOR

"A atual arena competitiva combina uma série de fatos que fazem as marcas de produtos e serviços assumirem uma importância nunca vista." É assim que Marcos Machado, Presidente do Comitê de *Branding* da ABA-Associação Brasileira de Anunciantes, começa seu artigo "O Valor da Marca para Empresas e Consumidores", preparado para o evento *Top of Mind* – A Tribuna 2005[5]. Marcos Machado não defende a crescente força das marcas sozinho. Muitos são os estudiosos que reconhecem o valor da marca, sendo muitas vezes considerado o principal ativo de uma organização, com valor atribuído na maior parte dos casos, superior a qualquer outro. Em 2002, a Coca-Cola, marca mais valiosa do mundo, valia 70 (setenta) bilhões de dólares[6], muitos

---

[5] Artigo retirado do site http://atribunadigital.globo.com/topofmind2005/material/artigo.asp em Maio em 2005

mais do que todas suas fábricas juntam. Veja no Anexo - Valor das Marcas, o valor das principais marcas globais e brasileiras.

Para Mauro Calixta Tavares, administrador e sociólogo, doutor em Administração pela USP, "marca é um nome, termo, signo, símbolo ou design, distinto ou combinado com a função de identificar a promessa de benefícios, associada a bens ou serviços, que aumenta o valor de um produto além de seu propósito funcional, tendo uma vantagem diferencial sustentável" (TAVARES, 1998, p. 21) e não se confunde seja com nome, seja com produto. Explica ele: "A marca é mais do que um simples nome. O significado de uma marca resulta dos esforços de pesquisa, inovação, comunicação e outros que, ao longo do tempo, vão sendo agregados ao processo de sua construção. Isso significa que sua criação e manutenção não podem ficar restritas a designers, artistas gráficos e agências de publicidade". (p.17) e continua: "A marca é diferente do produto. Embora sejam coisas intimamente relacionadas, diferem nas características. A marca estabelece um relacionamento e uma troca de intangíveis entre pessoas e produtos. O produto é o que a empresa fabrica, o que o consumidor compra é a marca. Os produtos não podem falar por si: a marca é que dá o significado e fala por eles. O produto tem um ciclo de vida, a marca não. Isto não significa que algumas não envelheçam. A marca revela facetas de diferenças nos produtos: funcionais, experiências e simbólicas". (p.21)

Em geral, a marca ganhou grande poder por se tornar o diferencial entre os tantos produtos tecnologicamente desenvolvidos e ofertados no mercado. A marca representa os valores emocionais que o consumidor pode buscar num produto, buscando uma certa identificação; permite a existência de relações mentais e emocionais entre os consumidores e o produto. É como defendeu Pinho: "ao adquirir um produto, o consumidor não compra apenas um bem, mas todo o conjunto de valores e atributos da marca e de seu fabricante. O Consumidor de produtos Nestlé, por exemplo, evoca nos produtos da marca valores como saúde, qualidade, sabor e, acima de tudo a confiança que deposita na empresa" (PINHO, 1996, p.43).

---

[6] Reportagem "The Best Global Brands – BusinessWeek and Interbrand tell you what they're worth", publicada no BusinessWeek Online em 05 de Agosto de 2002. http://www.businessweek.com/magazine/content/02_31/b3794032.htm

Por fim, o valor das marcas fica ainda mais claro na realização de *blind tests* (testes cegos), nos quais os consumidores são solicitados a experimentar produtos sem ver qual sua marca e escolher entre os melhores. Segundo a empresa de pesquisa AC Nielsen[7], na maioria das vezes, os consumidores não distinguem os produtos, os mesmos que, diante da prateleira do supermercado, decidem facilmente pelo com a marca mais forte.

1.3. O Comportamento do Consumidor

Os consumidores têm muita opção de compra hoje em dia. A maioria das empresas estuda as decisões de compra de seus clientes para saber o que, onde, quando e quanto compram. Porém, o mais difícil é saber o porquê do comportamento de compra. Engel (2000) define comportamento do consumidor como "as atividades diretamente envolvidas em obter, consumir e dispor de serviços e produtos, incluindo os processos decisórios que antecedem e sucedem estas ações"(ENGEL et al., 2000, p.4).

O comportamento do consumidor pode mudar muito de acordo com o produto e principalmente com o nível de envolvimento do consumidor com o mesmo, ou seja, o nível de interesse do indivíduo em um produto e a importância que ele lhe confere. Kotler (1998) representa os tipos de comportamento de acordo com os níveis de relacionamento e grau de diferença entre as marcas da seguinte maneira:

---

[7] Conforme citado por Navacinsk e Tarsitano, no Artigo "Marca. Patrimônio das Empresas e Diferencial dos Produtos. O Valor e o Poder das Marcas." 2003.

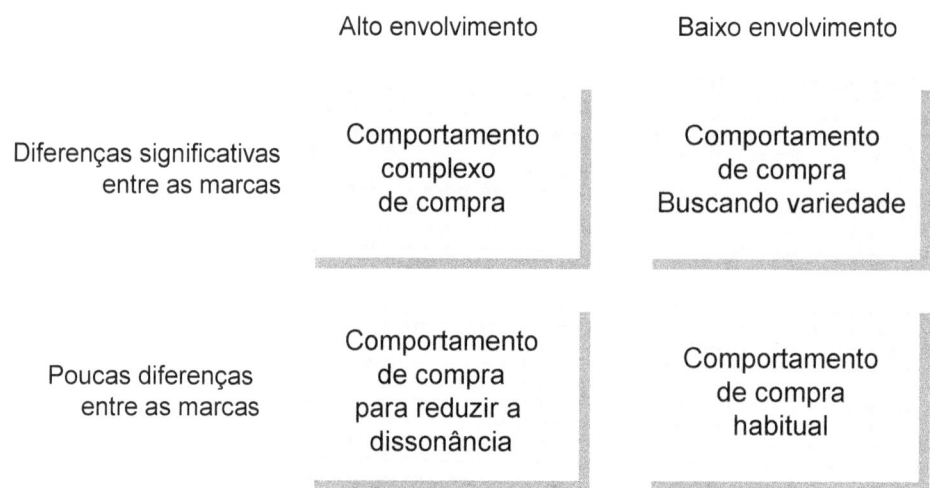

Figura 2 - **Quatro Tipos de comportamento de compra (adaptado de ASSAEL, 1987, in KOTLER, 1998. p. 107)**

O consumidor tem um comportamento complexo de compra quando o produto é caro ou arriscado, com grande diferença entre as marcas e, por isto, precisa levantar muitas informações de forma a evitar tomar uma decisão errada. Normalmente também é uma compra esporádica, de um produto que um indivíduo compra poucas vezes na vida. É o caso, por exemplo, da compra de um carro. É um produto que tem alto envolvimento, que ao comprar ficará muitos anos com ele, utilizando bastante. Como há muitas peculiaridades entre uma marca e outra, um modelo e outro, e como um carro tem muitas características intrínsecas, é necessário passar por um processo de aprendizado, em busca de informação de qual é o melhor e qual atende às suas necessidades.

Já o comportamento de compra para reduzir a dissonância ocorre também ao lidar com um produto caro, porém com poucas diferenças entre as marcas. Neste caso, a decisão deverá ocorrer um pouco mais depressa que no anterior, por precisar pesquisar menos produtos diferentes. A busca redução da dissonância é de forma a evitar realizar uma compra incorreta. É o caso, por exemplo, da compra de um tapete, o item é de alto valor e permanece por longo tempo na vida de uma pessoa, sendo, portanto, de alto risco. No entanto, não há muitas diferenças em qualidade e preço de uma marca para outra. Desta forma, os consumidores fazem uma pesquisa para evitar realizar uma compra errada e se arrepender depois, mas não levarão tanto tempo para decidir quanto no caso da compra de um carro.

Quando o consumidor precisa comprar um produto com o qual tem baixo envolvimento e pouca diferença entre as marcas, como por exemplo, açúcar, ele passa por um comportamento rotineiro de compra. É um comportamento rápido, sem necessidade de busca de muitas informações e de fácil decisão, uma vez que o risco é baixo. Em geral os consumidores simplesmente vão às lojas e pegam qualquer marca. Neste caso, eles praticamente pulam a etapa de busca de informações e avaliação das alternativas. Eles simplesmente recebem informações de forma passiva e possivelmente acabam se tornando mais familiares com determinada marca por causa dos comerciais e propagandas, mas não desenvolvem uma forte atitude em relação à marca. Não ficam convictos que aquela é a melhor e, por isso, mudam facilmente de marca.

Por último, quando um consumidor tem um baixo nível de relacionamento com o produto, no entanto, percebe grande diferenciação entre as marcas oferecidas, ele tem um comportamento de compra buscando variedade. É quando ocorre forte de troca de marcas, não por insatisfação, mas por estarem sempre experimentando um novo produto.

É válido ressaltar, porém, que estes são os comportamentos mais típicos. Mas nada evita que o consumidor tenha um comportamento impulsivo, não seguindo o comportamento normal de acordo com o nível de relacionamento com o produto ou diferenças entre marcas.

Independente do tipo de comportamento, todo consumidor passa por um processo de decisão até comprar o produto, por mais que alguns possam pular algumas etapas. Desta forma, é essencial para as empresas entenderem este processo de forma a identificar como influenciar o consumidor, fazendo com que ele compre determinado produto.

1.3.1 O Processo de Decisão do Comprador

O processo de decisão do comprador, que descreve todas as etapas que os consumidores passam para chegarem a uma decisão de compra, inclui 5 etapas:

reconhecimento do problema, pesquisa de informações, avaliação das alternativas, a compra e avaliação pós compra.

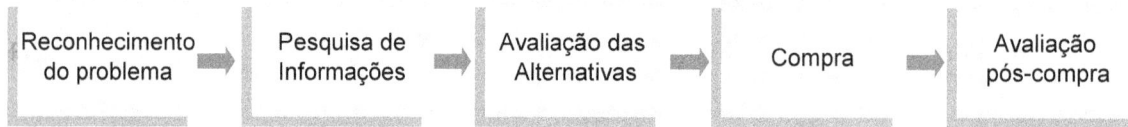

Figura 3 - Processo de Decisão do Consumidor (PRIDE e FERREL, 2000, p.197)

Pride e Ferrel (2000) descrevem o reconhecimento do problema como o momento em que o consumidor percebe a diferença entre um estágio desejado e sua condição atual. Muitas vezes, vendedores, propagandas e embalagens atrativas ajudam o consumidor a identificar este problema, ou melhor, necessidade.

Uma vez reconhecida a necessidade daquele produto, os compradores passam a pesquisar informações. Eles podem fazer uma busca interna, quando buscam suas próprias memórias sobre o produto em questão. Quando não possuem informações suficientes, partem para uma busca externa, que pode ser através de fontes pessoais (família, amigos), comerciais (propagandas, vendedores, embalagens, vitrines), públicas (meios de comunicação, órgãos públicos) ou até mesmo experimentais, ao testar o uso do produto.

Uma boa pesquisa de informações resulta ao comprador uma lista de alternativas de produtos que poderá obter para resolver seu problema, dentre os quais precisará escolher qual deles comprar. O processo decisório não é simples nem tão pouco único, mas podemos dizer que, em geral, o consumidor usa um critério de avaliação, avaliando características subjetivas ou objetivas do produto, de acordo com relevância para o próprio indivíduo.

No estágio de compra, o consumidor decide qual produto ou marca que irá obter, com base na avaliação realizada na etapa anterior, considerando adicionalmente a disponibilidade do produto. Sabendo qual produto (marca) escolher, o cliente decide de qual vendedor ou ponto de venda comprar e finalmente realiza a compra do produto.

Após a compra, os consumidores começam a avaliar o produto de forma a verificar ter feito ou não a escolha certa e se o produto atende às suas expectativas.

Por esta descrição do processo, fica claro que o tempo e dedicação despendidos pelos indivíduos em cada uma destas etapas variam de acordo com o tipo de comportamento, ou seja, de acordo com o nível de relacionamento do consumidor com o produto. Mas esta não é a única influência sobre os consumidores ao longo de seu processo de decisão de compra. Na seção a seguir, falaremos um pouco sobre estas influências.

1.3.2 Possíveis influências no Processo de Decisão

Pride e Ferrel dividem as possíveis influências no indivíduo ao longo do processo de decisão de compra em três categorias: influências situacionais, psicológicas e sociais.

A) Influências Situacionais

Muitas vezes, ao tomar uma decisão, os consumidores são influenciados por condições na situação em que se encontram como, por exemplo, o local, temperatura, claridade, sons, tempo disponível para a decisão etc. Em linhas gerais, são arredores físicos, arredores sociais, perspectiva de tempo, motivos da compra, e a condição e disposição momentâneas dos compradores. Por exemplo, um indivíduo com fome pode passar muito mais rápido pelos estágios de pesquisa de informações e avaliação das alternativas para atender sua necessidade mais rápido. Por outro lado, uma vez que um indivíduo passou por todos os estágios e decidiu realizar a compra em determinada loja, se ao chegar lá o lugar estiver muito cheio, muito barulhento ou quente, ele pode interromper o processo e desistir de realizar a compra.

B) Influências Psicológicas

São os fatores que, em parte, determinam o comportamento geral dos indivíduos e, conseqüentemente, seus comportamentos como compradores. Estes fatores são: percepção, motivação, aprendizado, atitudes, personalidade e conceitos pessoais e estilo de vida.

"Percepção é o processo de selecionar, organizar, e interpretar informações para produzir um significado" (PRIDE e FERREL, 2000, p. 202). Em termos gerais, a percepção pode ser descrita como a forma como vemos o mundo à nossa volta, o modo segundo o qual o indivíduo constrói em si a representação e o conhecimento que possui das coisas, pessoas e situações, ainda que, por vezes, seja induzido ao erro.

Motivação (ou simplesmente motivo) é a necessidade interna de um indivíduo que o instiga a buscar sua satisfação ou atingir seus objetivos, e ela pode variar de nível de acordo com suas necessidades. Abraham Maslow, psicologista americano, desenvolveu uma teoria da motivação com base numa hierarquia de necessidades. As necessidades humanas foram divididas em 5 níveis e dispostas em uma pirâmide em cuja base estão as necessidades mais baixas (necessidades fisiológicas) e no topo, as necessidades mais elevadas (as necessidades de auto realização). "Uma vez que as necessidades de um nível são alcançadas, os indivíduos procuram satisfazer as necessidades do nível mais acima na hierarquia" (PRIDE e FERREL, 2000, p. 203).

Figura 4 - Hierarquia de necessidades de Maslow (in KOTLER, 1998, p. 103, adaptado de Maslow, 1970)

Aprendizado são as mudanças no comportamento dos consumidores devido a experiências vividas ou informações reconhecidas. E atitude "é a predisposição interna de um indivíduo para avaliar determinado objeto, ou aspecto, de forma favorável ou desfavorável, sendo uma das variáveis a decidir no consumo. As atitudes apresentam componente cognitivo ou de conhecimento, afetivo, ligado ao sentimento, e comportamental, que implica uma disposição para ação." (GADE, 1980, in Serrano, 2003[8]),

As últimas influências psicológicas são personalidade e estilo de vida. Personalidade é o conjunto de traços únicos que levam a reações relativamente coerentes e duradouras com o ambiente do indivíduo. É descrita em termos de traços como autoconfiança, sociabilidade, autonomia e agressividade. Já estilo de vida é o padrão de vida de uma pessoa, expressado através de seus hábitos, atividades cotidianas e interesses.

C) Influências Sociais

Além dos fatores internos e dos fatores situacionais, as pessoas em volta dos indivíduos e a sociedade em que este vive também influenciam seu processo de decisão de compra. As regras impostas pela sociedade, ou seja, ações e atividades que uma pessoa em determinada posição deve exercer, são baseadas nas expectativas das pessoas ao redor. Influências familiares, transmitidas no processo educacional, fazem uma pessoa adquirir conhecimentos e habilidades para exercer o papel de consumidor. Assim como grupos de referência e formadores de opinião e classes sociais também servem como modelo ou exemplo para muitas pessoas. Por fim a cultura, envolvendo os valores, crenças, princípios, conceitos e objetivos da sociedade também possui sua parcela de participação. Todos estes são fatores sociais que influenciam diretamente o comportamento do consumidor.

---

[8] Serrano, D.P. – "Comportamento do Consumidor", 04/02/2003 – Artigo publicado no Portal do Marketing - http://www.portaldomarketing.com.br/Artigos/Comportamento%20do%20Consumidor.htm

2. OS ESTUDOS SOBRE OS EFEITOS DA COMUNICAÇÃO NO CONSUMIDOR

Na seção anterior, definimos e explicamos o Comportamento do Consumidor de forma abrangente. Neste capítulo, estaremos entendendo como as ações de marketing influenciam o Comportamento do Consumidor, a fim de desenvolver um ferramental para planejar futuras ações.

Desde o século XIX, estudiosos têm procurado entender como uma propaganda impacta um consumidor e o que se passa com ele para que decida comprar um determinado produto. Ao longo destes anos alguns modelos foram propostos sobre os estágios mentais que o consumidor passa, conforme abaixo.

2.1. O Modelo AIDA

Os efeitos de comunicação persuasiva foi proposta pela primeira vez em 1898 por St. Elmo Lewis através de seu modelo de efeitos de vendedores (*Personal Selling*), conhecido como AIDA - Atenção, Interesse, Desejo, Ação, modelo este que acabou por originar o modelo de hierarquia de efeitos.

St. Elmo Lewis, que era um vendedor e não um publicitário, sugeriu no início de 1898 um modelo de uma série de passos que dizia que, para ser eficiente, vendedores precisam trabalhar de forma a envolver o cliente em três etapas: despertar a atenção, manter o interesse e criar o desejo do consumidor alvo. Anos depois, um quarto passo foi adicionado ao processo; acrescentando que o vendedor deve conseguir a ação do consumidor. Barry (1987) apresentou que "este modelo passou a ser conhecido por AIDA e é ainda um dos modelos mais citados na literatura de publicidade e vendas no que se refere ao comportamento das pessoas quanto às respostas para apresentações de vendedores e propaganda". (BARRY, 1987, pg. 252)

Apesar do modelo focar na atitude do vendedor para conseguir realizar a venda, podemos também representar o modelo AIDA como os passos que os consumidores passam até realizarem a compra:

```
┌─────────────────────────────────────────────────────────────┐
│ Atenção: Consumidor passa a saber da existência do produto  │
└─────────────────────────────────────────────────────────────┘
                              ▼
┌─────────────────────────────────────────────────────────────┐
│ Interesse: Consumidor interessado o suficiente              │
│ para prestar atenção nas características, especificações e  │
│ benefícios dos produtos.                                    │
└─────────────────────────────────────────────────────────────┘
                              ▼
┌─────────────────────────────────────────────────────────────┐
│ Desejo: COnsumidor possui o desejo de                       │
│ obter os benefícios que o produto oferece                   │
└─────────────────────────────────────────────────────────────┘
                              ▼
┌─────────────────────────────────────────────────────────────┐
│ Ação: Consumidor parte a a efetiva compra do produto        │
└─────────────────────────────────────────────────────────────┘
```

Figura 5 - O modelo AIDA (Os autores)

2.2. O Modelo AIDAS

Depois que Lewis desenvolveu o modelo AIDA, uma seqüência de variações dos modelos foram surgindo.

É válido adicionar que os estudiosos de Marketing sabem que a venda não é o final do processo de adoção de um produto por parte do consumidor. A satisfação pós-compra é um estágio essencial para o sucesso de uma marca, o que faz com o que os consumidores repitam a compra e possivelmente se tornem leal à marca. Assim, em 1911, Frederick Sheldon adicionou um quinto passo que chamou de "Satisfação Permanente", tornando o modelo a AIDAS (Atenção, Interesse, Desejo, Ação e Satisfação).

2.3. O Modelo Hierarquia de Efeitos

O modelo AIDA acabou por originar o modelo de Hierarquia de Efeitos que representa as respostas dos consumidores para as comunicações de marketing.

Percebendo que publicidade é um investimento de longo prazo, devido ao fato da maioria dos efeitos de propaganda serem percebidos a longo prazo, Robert J.

Lavidge, então presidente da Elrick and Lavidge Inc. uma firma de consultoria de marketing e pesquisa de marketing, e Gary A. Steiner, então professor associado de psicologia na *Graduate School of Business* da Universidade de Chicago, viram a necessidade de representar o processo de decisão de compra dos consumidores em um modelo mais complexo. Em seu artigo "*A Model for Predictive Measurements of Advertising Effectiveness*" publicado no *Journal of Marketing* em Outubro de 1961, Lavigne & Steiner afirmaram que, ao invés dos consumidores passarem de indivíduos desinteressados diretamente para compradores decididos, eles passam por um processo com uma série de estágios, no qual a real compra é o último deles. "O grande objetivo da propaganda é subir com as pessoas para os estágios finais, próximos à compra."(LAVIGNE e STEINER, 1961, p. 60) Por conta disto, as propagandas devem ser desenvolvidas para atingir diferentes objetivos, de acordo com os estágios em que seus consumidores se encontram.

Lavigne & Steiner asseguraram que as pessoas podem ultrapassar vários destes estágios ao mesmo tempo, visto que os estágios não são eqüidistantes. "Quanto maior o envolvimento psicológico e econômico no momento da compra de um produto, mais longo será o tempo para passar o consumidor de um estagio para o outro. Por outro lado, quanto menor o comprometimento, mais rápido os consumidores atingem os últimos estágios da Hierarquia". (LAVIGNE e STEINER, 1961, p. 60)

Eles apresentam que, dentre os primeiros problemas na avaliação de programas de marketing estão:

1. Quais os passos são mais críticos em cada caso (em que estágio a marca possui mais consumidores envolvidos)

2. Determinar quantas pessoas estão em cada estágio.

3. Determinar que pessoas, em cada estágio, é mais importante alcançar.

Após a proposição de Lavigne e Steiner, uma grande variedade de modelos de hierarquia de efeitos foram desenvolvidos, mas todos se baseiam na idéia de que a propaganda movem as pessoas de um estágio de desconhecimento de uma marca até eventualmente comprar uma marca.

2.3.1 A Hierarquia de Efeitos no que diz respeitos a estágios de efeitos mentais

De acordo com Fill (1995), o modelo de Hierarquia de Efeitos assume que, influenciados pelas propagandas, os consumidores se movimentam através de uma série de estágios mentais, de consciência (*Awareness*) até a real compra. A condição é que uma série de efeitos mentais devem ocorrer em cada estágio, antes de passar ao próximo.

Kotler (1998) apresenta os seis estágios que os consumidores passam até realmente efetuarem a compra da seguinte forma:

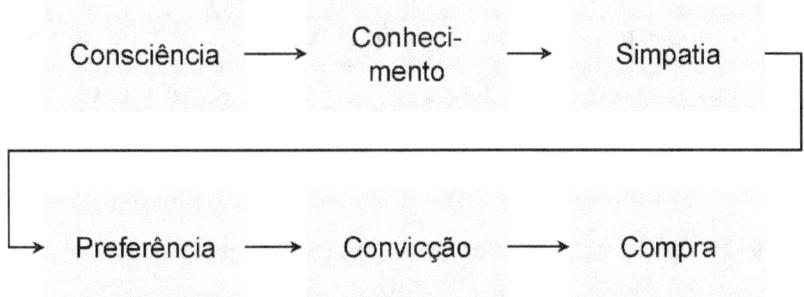

Figura 6 - Estágios do Comprador (KOTLER, 1998, p. 320)

A) Consciência

É o grau de consciência (*Awareness*) que os consumidores têm sobre a empresa e seus produtos. Inicialmente eles podem não ter nenhuma consciência sobre a empresa, ou saber pouquíssimas informações. Demora um certo tempo para que um consumidor alvo passe a reconhecer o nome de uma empresa ou marca. Normalmente o processo é mais eficiente se combinado com o próximo estágio.

B) Conhecimento

As pessoas podem ter consciência, familiaridade, sobre a empresa ou seus produtos, mas não saber nada sobre eles. A empresa preocupada em vender seu produto deve responder a este estágio passando informações e educando o público-alvo sobre os principais aspectos do produto/marca, ou até mesma sobre a empresa.

C) Simpatia

É possível que se conheça o produto, mas não haja um sentimento favorável a ele ou simplesmente não sentem nada a seu respeito. Este é o estágio em que o consumidor começa a desenvolver uma simpatia pelo produto, começando a incluí-lo na lista de opções de produtos que possa, um dia, vir a consumir.

D) Preferência

É o estágio em que o consumidor escolhe a marca que prefere e, provavelmente, irá comprar. Mesmo gostando de uma marca, o consumidor pode ter preferência pela concorrente. A empresa que oferece o produto precisa, então, identificar e ressaltar junto ao público-alvo aspectos em seu produto que o faz melhor que o da concorrente.

E) Convicção

É o ponto em que o cliente está convicto de que aquele produto que ele prefere é uma real boa opção e que, se comprá-lo, fará uma sábia compra. Muitas vezes o cliente pode preferir um produto dentre todos os ofertados no mercado, mas não estar, ainda, convencido dos benefícios do produto o suficiente para comprá-lo. Um cenário muito comum para o caso de produtos muito caros. A empresa precisa, então, convencê-los de que eles fizeram a escolha certa e que o investimento valerá a pena.

F) Compra

Enfim, este é o estágio final, quando o consumidor está suficientemente convencido e parte para a aquisição do produto/serviço.

2.3.2 A Hierarquia de Efeitos no que diz respeitos a estágios de atitudes.

"Atitude é um sentimento ou julgamento, geral e de certa forma duradouro, positivo ou negativo, quanto a uma pessoa, objeto ou questão" (SHIMP, 2003, p. 115). No artigo *"The Construct Validity of the Tripartite Classification of Attitudes"* Bagozzi et al. apresentam três componentes da atitude: cognitivo, afetivo e comportamental. O componente cognitivo se refere às crenças de uma pessoa sobre uma outra pessoa, objeto ou questão ("É perigoso falar no celular ao dirigir"). O afetivo está relacionado aos sentimentos e avaliações ("Eu gosto de Guaraná"). Finalmente, o componente comportamental representa a tendência ou predisposição de um indivíduo de agir, tomar uma atitude.

Desta forma, no modelo de hierarquia de efeitos, podemos identificar um componente cognitivo ("os estágios intelectuais, mentais e racionais" (LAVIDGE e STEINGER, 1961, p. 60), contemplando os estágios de consciência e conhecimento. Em seguida, temos um componente afetivo ("estágios emocionais e sentimentais" (LAVIDGE e STEINGER, 1961, p. 60), envolvendo os estágios de simpatia, preferência e convicção, afetivas. Por fim, a hierarquia de efeitos também possui um estágio motivacional ou comportamental ("estágios 'com esforço', relacionados à tendência a tratar objetivos como metas positivas ou negativas" (LAVIDGE e STEINGER, 1961, p. 60), que finalmente envolve a ação da compra.

Finalmente podemos representar a série de estágios do consumidor, juntando as três visões do processo como a figura abaixo.

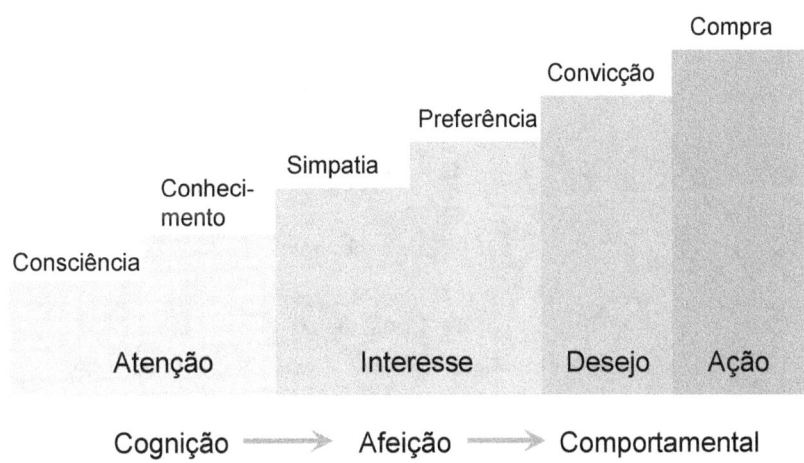

Figura 7 - AIDA e Hierarquia de Efeitos (CRELLEY e HOEGER, 2005[9])

Além desta visão, alguns estudiosos começaram a chamar a seqüência de estágios da hierarquia de efeitos de Pirâmide de Efeitos de Comunicação, já começando a adaptar alguns de seus estágios conforme necessidade e compatibilidade com a realidade do produto do qual se trata. Estes estágios são muito bem representados em

---

[9] Crelley e Hoeger (2005) – "*Information processing*" – Apresentação para curso de Introdução à Propaganda e Psicologia do Consumidor, da Escola de Psicologia da Universidade de Exeter.

uma pirâmide, pois a medida que mudamos de estágio, a presença de consumidores em cada estágio vai reduzindo. Para ficar mais claro, todas as pessoas que compram o produto já passaram pelos outros estágios anteriormente, ou seja, tem consciência, conhecimento, simpatia, preferência e convicção. E isso acontece para todos os níveis da pirâmide. No entanto, nem todas as pessoas que ficam conscientes da existência do produto/marca chegam a ter simpatia com ele e muito menos a comprá-lo. Muitos estacionam em certo estágio. Desta forma, fica claro que o número de pessoas no início da hierarquia (na base da pirâmide) é muito maior que nos últimos estágios (topo da pirâmide). Na figura abaixo, ilustramos uma pirâmide de efeitos de comunicações:

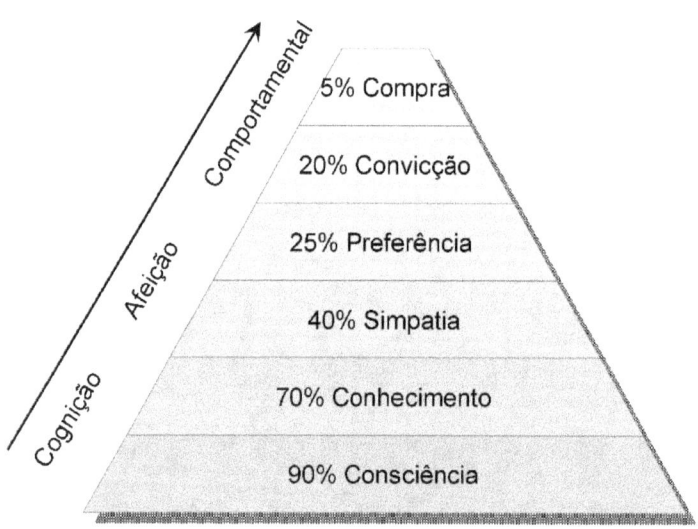

Figura 8 - Pirâmide de Efeitos de Comunicação (BELCH, 2004, in FALCO,2005[10])

---

[10] FALCO, L. (2005) – Apresentação do capítulo 7 da Disciplina Introdução à Comunicação de Marketing, da *Anderson University*, com base em Belch & Belch (2004) - *Advertising and Promotion: And Integrated Marketing Communications Perspective*

3. A Utilização da Hierarquia de Efeitos

3.1. A Utilização da Hierarquia de Efeitos de Forma Adaptada

A hierarquia de efeitos pode ter grande utilidade para os departamentos de marketing das diferentes empresas. No entanto, para a otimização desta ferramenta, recomendamos adaptá-la à realidade do mercado atual e às características do produto que se refere.

Primeiramente, da mesma forma que ao modelo AIDA foi adicionado o estágio S, de satisfação, percebemos que o mesmo deveria ser feito ao modelo de hierarquia de efeitos. Segundo Philip Kotler (1998), conquistar novos clientes custa entre 5 a 7 vezes mais do que manter os já existentes. Então, o esforço na retenção de clientes é, antes de tudo, um investimento que irá garantir aumento das vendas e redução das despesas. Sendo um passo além da satisfação, a lealdade representa fator de enorme relevância para as marcas. Para David Aaker "a lealdade à marca dos consumidores existentes representa um ativo estratégico que, se adequadamente gerenciado e explorado, tem o potencial de proporcionar valor de diversas maneiras" (AAKER, 1998, p. 48)

Desta forma, analisar os estágios que o consumidor passa até a compra não é suficiente. É de extrema importância avaliar seu comportamento pós compra, recompras e até fidelização com a marca. Portanto, sugerimos a inclusão de mais dois estágios básicos na pirâmide de efeitos de comunicação: Recompra e Lealdade. A Recompra representará o cliente que ficou satisfeito com o produto e, portanto, voltou a adquiri-lo. Já a lealdade será o objetivo final da empresa, numa situação em que o comprador ficou tão satisfeito que deixa de considerar qualquer outra marca.

Devemos ressaltar que estes estágios devem se adaptar da melhor forma possível à realidade do produto/indústria que se refere. Por exemplo, para a representação da pirâmide de refrigerantes, os estágios poderiam ser representados da seguinte maneira: Conhecimento, Simpatia, Experimentação, Consumo Ocasional, Preferência entre 2, Consumo mais freqüente e Lealdade. Já para a industria automobilística, o envolvimento do consumidor com a compra é mais intenso, logo as fases pré-compra deveriam ser mais detalhadas. Por exemplo, poderíamos representar da seguinte maneira: Conhecimento da Marca, Conhecimento do Modelo, Simpatia, Fazer parte da cesta de opções de compra, Primeira Compra, Recompra dentro da Mesma Família da Marca e Lealdade àquela família. Veja no Apêndice 1 – Estágios da Pirâmide para diferentes indústrias, exemplos de algumas pirâmides.

3.2. A UTILIZAÇÃO DA HIERARQUIA DE EFEITOS NO PROCESSO DE PLANEJAMENTO DE MARKETING

A Hierarquia de Efeitos pode ser uma ferramenta de grande valor no processo de planejamento de Marketing.

3.2.1 Planejamento de Marketing

Podemos representar o processo de planejamento de marketing com o esquema abaixo:

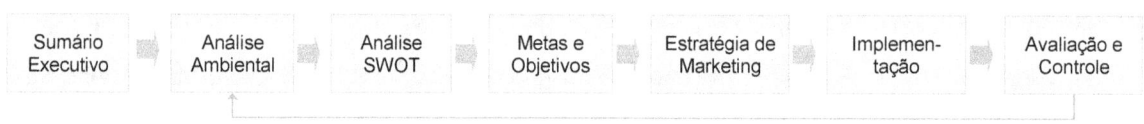

Figura 9 - Planejamento de Marketing (os autores)

3.2.1.1 Sumário Executivo

O Sumário Executivo á a sinopse do plano de marketing global da empresa, introduzindo os principais aspectos do plano, como projeções de venda, custos e medidas de avaliação de desempenho. Ele inclui uma introdução, uma breve explicação sobre os principais aspectos do plano e uma declaração sobre os custos de implementação do plano.

O Sumário Executivo não fornece informações detalhadas, mas sim uma visão geral do plano, de forma que as pessoas possam identificar questões-chave no processo de planejamento e implementação do plano.

3.2.1.2 Análise Ambiental

A próxima etapa é a Análise Ambiental, que fornece informações sobre a situação atual da empresa, no que diz respeito ao ambiente de marketing, o mercado alvo e quanto à performance e objetivos da empresa. Resume todas as informações pertinentes obtidas sobre três condições da empresa: Ambiente externo – fatores econômicos, políticos, sociais, competitivos e etc; Ambiente do consumidor – análise da situação atual a respeito das necessidades do mercado alvo e como a empresa esta atendendo essas demandas; Ambiente Organizacional – considera assuntos como a disponibilidade e a alocação de recursos humanos, equipamentos, tecnologia, disponibilidade de recursos financeiros e etc.

Nesta etapa há um enorme levantamento de informações, o que na maioria dos casos é feito através de **Pesquisa de Mercado**, uma função que liga os clientes e consumidores ao comerciante. Estas informações são coletadas no intuito de identificar e definir problemas e oportunidades de mercado; gerar, refinar e avaliar ações de marketing; monitorar performance de mercados; e melhorar o entendimento das empresas a respeito dos consumidores, suas necessidades e expectativas em relação ao produto.

Para o correto levantamento das informações, é necessário que a área de pesquisa de mercado da empresa especifique as informações requeridas, defina os métodos de coleta de informações, gerencie e implemente o processo de coleta dos dados, analise e informe os resultados e suas implicações. Geralmente, uma empresa especializada em Pesquisa de Marketing é terceirizada para a realização do levantamento de informações junto aos consumidores, como por exemplo a A.C Nielsen ou Ipsos Marplan, agências conceituadas no mercado.

Existem dois tipos de dados que podem ser levantados: dados primários e dados secundários. Dados primários são observados e coletados diretamente dos "sujeitos" pesquisados, como por exemplo, os próprios consumidores. Dados secundários são dados consolidados utilizando outras fontes que já realizaram a investigação. Normalmente são coletados relatórios de banco de dados do governo, periódicos, jornais, associações industriais, ou até mesmo da própria *internet*. A coleta de dados secundários é um processo mais rápido e principalmente mais barato. No entanto, não é tão preciso. Pode ser que uma empresa não encontre nestas fontes de pesquisa, dados que respondam as questões que precisa. Apesar disso, alguns destes tipos de dados podem ser muito úteis para uma empresa. Um bom exemplo seria a análise de resultados econômicos do mercado em geral. A tendência de crescimento da renda da população pode indicar um possível aumento nas vendas do produto e pode apresentar grandes oportunidades de investimento.

Por outro lado, através do levantamento de dados primários é possível coletar exatamente os dados que a empresa necessita para o estudo em questão, precisando, no entanto, despender um investimento financeiro muito maior e principalmente mais tempo. É, em geral, um processo bem mais complexo. Para a coleta de dados primários, existem três métodos: levantamento, observação e experimentação. Como forma de levantamento podem ser utilizadas pesquisas por telefone, *internet*, carta pelo correio, pesquisas pessoalmente nas ruas ou nas casas das pessoas, ou grupos de pesquisa, onde um grupo de pessoas é reunido numa sala para discutir e expor suas opiniões sobre determinado assunto ou produto.

3.2.1.3 SWOT

Voltando às etapas do planejamento, a análise SWOT foca os fatores internos (forças e fraquezas) e externos (oportunidades e ameaças) - derivados da secção anterior – que dão à empresa certas vantagens e desvantagens em satisfazer as necessidades de seus mercados alvos. Esta análise ajuda a empresa a identificar o que faz bem e em que precisa melhorar.

As forças referem às vantagens competitivas ou principais competências que dão à empresa vantagem em atender as necessidades do público-alvo e, por este motivo, a análise deve ser baseada sempre com foco nos consumidores.

As fraquezas referem às limitações que a empresa pode enfrentar ao desenvolver ou implementar uma estratégia de marketing.

As oportunidades são as condições favoráveis no ambiente que podem trazer ganhos para a companhia se atuar de forma correta.

Por outro lado, as ameaças referem-se às condições negativas ou barreiras que possam impedir a empresa de atingir seus objetivos.

3.2.1.4 Metas e Objetivos

Metas e objetivos de marketing são declarações formais dos resultados desejados e esperadas, decorrentes do plano de Marketing. Todas as metas devem estar em linha com a missão da empresa e todos os objetivos devem fluir das metas.

Os objetivos são traçados após a realização da análise SWOT, de forma que busque tornar as forças compatíveis com as oportunidades do mercado e converter as fraquezas e ameaças.

É de extrema importância a definição de objetivos claros, específicos (preciso sobre o que deverá ser atingido), mensuráveis (objetivos quantitativos), atingíveis, realistas (de acordo com os recursos disponíveis), e não menos importante, temporais (com tempo determinado para que o objetivo seja alcançado). Futuramente, estes objetivos serão excelentes balizadores para medir o nível de sucesso ou fracasso de uma determinada ação, assim como poderão fornecer pistas sobre as causas desse resultado.

3.2.1.5 Estratégia de Marketing

A Estratégia delineia como a empresa atingirá seus objetivos. As Estratégias de Marketing envolvem a seleção e a análise de mercados alvos e a criação e manutenção de um composto de marketing apropriado (4 P's) para satisfazer às necessidades dos consumidores alvo.

O primeiro estágio deste processo é a seleção do mercado alvo. Segundo Kotler (1998), trata-se de um estágio crítico no planejamento de marketing, pois nele a empresa vai entender as necessidades do consumidor, para, então, desenvolver o composto de marketing para satisfazê-las.

O processo de seleção de Mercado Alvo foi descrito por Pride e Ferrel (2000) nos seguintes passos:

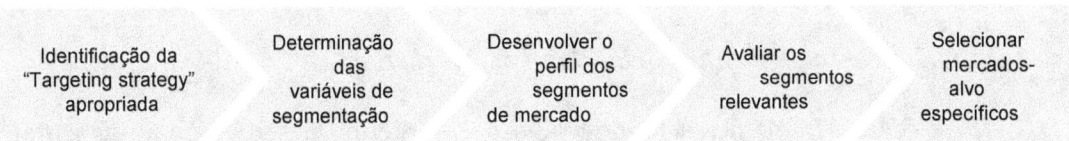

Figura 10 - Processo de Seleção de Mercado Alvo (PRIDE e FERREL, 2000, p.166)

Inicialmente, é necessário definir qual estratégia será utilizada para atingir os mercados-alvo. Esta estratégia pode ser 'Estratégia Não-Diferenciada', na qual há um mesmo composto de marketing para o mercado inteiro; 'Estratégia concentrada', na qual há apenas um composto de marketing para determinado segmento de mercado; ou 'Estratégia Diferenciada', na qual uma empresa desenvolve diferentes compostos de marketing para diferentes segmentos de mercado.

Em seguida, é preciso definir quais variáveis serão utilizadas para realizar a **Segmentação** do Mercado, "processo de dividir o mercado total em grupos, ou segmentos, que consistam de pessoas ou organizações com necessidades em relação ao produto relativamente similares" (PRIDE e FERREL, 2000, p. 168). Dependendo da necessidade de cada mercado, diferentes segmentações podem ser adequadas. Para tal, diferentes variáveis devem ser utilizadas, dentre elas: variáveis demográficas (idade, sexo, raça, etnia, renda, nível educacional, profissão, tamanho da família, religião, classe social), variáveis geográficas (região, tipo de área – urbana, suburbana ou rural, tamanho da cidade, densidade do mercado, tipo de clima), variáveis psicográficas (atributos de personalidade, motivações e estilo de vida) ou variáveis comportamentais (volume de uso do produto, finalidade de uso, expectativas de benefícios, nível de lealdade com a marca, sensibilidade ao preço e qualidade).

Dividindo o mercado de acordo com estas variáveis, faz-se necessário detalhar os perfis de cada um destes segmentos e avaliar a relevância de cada um deles para a marca ou empresa. Deve ser feita uma estimativa de vendas dentro de cada um destes segmentos, além de uma análise da penetração da concorrência e estimativa de custos para atingir cada um dos segmentos. Identificando custos e benefícios previstos de cada um dos segmentos e cruzando com as possibilidades de oferta da empresa, torna-se possível, então, a seleção do mercado (ou mercados) alvo da empresa, o qual ela irá focar seus esforços e desenvolver seu composto de marketing de acordo com seu perfil.

3.2.1.6 Implementação do Plano de Marketing

A secção Implementação do Plano de Marketing descreve como as estratégias delineadas anteriormente serão desempenhadas. Implementação é o processo de executar a estratégia, criando ações específicas que garantam que os objetivos serão atingidos.

É nesta etapa que são desenvolvidas as campanhas de marketing (com diferentes ferramentas) voltadas para o público-alvo, buscando atingir os objetivos determinados anteriormente. Por exemplo, quando a estratégia de um produto é tentar conquistar o maior retorno possível por unidade vendida, uma ação coerente seria investir em Pesquisa e Desenvolvimento para criar diferenciação e, conseqüentemente, maior valor agregado para o produto, aumentando, assim, a probabilidade do consumidor se dispor a pagar um preço mais alto.

3.2.1.7 Avaliação e Controle

Finalmente, a última seção do planejamento de marketing detalha como e quais os resultados serão avaliados e controlados. Esta pode ser dividida em algumas partes: avaliações financeiras, mercadológicas (volume, distribuição) e do consumidor. Mais uma vez pode ser feito uso da Pesquisa de Mercado para avaliar impacto junto aos compradores.

Em geral, a avaliação é utilizada para verificar se os objetivos foram atingidos no nível e qualidade previstos e esperados. Os resultados são utilizados para retroalimentar o processo de planejamento, servindo de fornecimento de informações para o próximo ciclo de planejamento.

Esta retroalimentação (*feedback*) é de suma importância para o sucesso de planejamento, visto que é esta ação cíclica que garante que os erros cometidos anteriormente não se repetirão e que todos os aprendizados e resultados possam servir de base para o próximo planejamento.

3.2.2 O Planejamento de Marketing e a Hierarquia de Efeitos

Para as empresas que consideram os conceitos da Hierarquia de Efeitos em seu planejamento, é preciso começar, na etapa de Análise Ambiental, a fazer um levantamento de sua Pirâmide de Comunicação de Efeitos, definindo, através de uma Pesquisa de Mercado, quantos consumidores alvo se encontram em cada estágio da pirâmide. É necessário, também fazer o levantamento da pirâmide do(s) principal(is) concorrente(s), como uma forma de comparação. E então, identificar os estágios em que os consumidores têm mais dificuldade para ultrapassar.

Ainda na fase de diagnóstico, a Pirâmide torna possível, não somente levantar as necessidades gerais de todos os consumidores alvo, mas apontar estas necessidades por grupo de consumidores alvo em cada estágio da Hierarquia de Efeitos.

Estes dados e a comparação com a pirâmide da concorrência ajudarão na análise SWOT, ajudando a identificar forças e fraquezas da marca, e, principalmente importantes oportunidades de crescimento.

Posteriormente, é possível definir claramente os objetivos da marca, de uma forma muito mais detalhada do que se analisássemos os consumidores como um todo. A definição de objetivos claros é de extrema importância para o desenvolvimento das estratégias de marketing porque os objetivos fornecem direcionamentos para o planejamento, processo de tomada de decisões e definição da metodologia e indicadores para mensurar os resultados da estratégia. Com objetivos bem definidos será possível focar os esforços e investimentos nos pontos críticos, aumentando, assim, o retorno sobre os mesmos.

O mesmo detalhamento se dá para a definição das estratégias. A marca pode ter ações de mercado direcionadas para cada estágio da pirâmide, de acordo com as necessidades pontuais.

Adicionalmente, analisando a pirâmide antes e após determinada ação de marketing, é possível avaliar o seu sucesso ou fracasso (atingimento ou não dos objetivos) no que se refere a impacto nos consumidores. No longo prazo, o histórico dessas análises pode servir de base para compreender melhor como cada tipo de ferramenta impacta cada estágio da pirâmide desse produto específico. Assim, a gerência possuirá informações consistentes sobre quais atividades poderá realizar com maior sucesso para determinada necessidade da marca.

3.3. A APLICAÇÃO DA HIERARQUIA DE EFEITOS

Já estando claro como adaptar a Hierarquia de Efeitos para a realidade de cada setor, produto ou marca e como este estudo se insere e pode facilitar o processo de planejamento de marketing, podemos agora, finalmente sugerir como realmente um departamento de Marketing pode fazer uso dos conceitos inseridos nesta teoria.

Para a máxima utilização destes conceitos, otimizando suas contribuições, sugerimos uma série de etapas a serem realizadas de forma a trazer contribuições relevantes para o planejamento da Marca.

É válido deixar claro que nos preocuparemos em apresentar as idéias de forma clara e objetiva, sabendo que isto implica em algumas limitações à aplicabilidade. Desta forma, estes passos devem ser utilizados com cuidado, sofrendo adaptações para a realidade de cada negócio. Sabemos, por exemplo, que este modelo se aplica muito mais facilmente a bens de consumo, na relação *Business-to-Consumer*, (empresas vendendo aos consumidores finais), precisando de várias outras considerações e adaptações.

3.3.1 Desenvolvimento da Pirâmide de Efeitos de Comunicação

Para a realização da primeira etapa de construir a Pirâmide de Efeitos de Comunicação, há uma etapa preparatória de definir os estágios que os consumidores passam de acordo com o produto em questão (como dito anteriormente, os estágios podem mudar de produto para produto, indústria para indústria). Este processo normalmente é feito apenas uma vez, visto que o comportamento do consumidor não costuma mudar.

Começando o processo de planejamento, o primeiro passo é a determinação do público-alvo, conforme processo descrito na seção 3.2.1.5. Com o público-alvo definido, passa-se ao próprio desenvolvimento da pirâmide, com a identificação do número de consumidores alvo em cada um de seus estágios. Isto pode ser feito através de pesquisa de levantamento com a utilização de questionário para uma amostra que represente bem a população. Ao encontrar o número de consumidores em cada estágio, deve ser calculado o percentual de consumidores em cada estágio, que representará a ***taxa da pirâmide*** de cada estágio.

Exemplificando, depois de realizada uma pesquisa de mercado de determinado produto (nenhum específico aqui, visto que é apenas um exemplo), poderíamos ter chegado a uma pirâmide da seguinte maneira:

Figura 11 - Exemplo de Pirâmide com taxas da pirâmide (os autores)

3.3.2 Identificar as áreas de oportunidade da marca em comparação ao modelo (benchmark)

Para podermos analisar qual a principal deficiência da marca, devemos primeiramente calcular as **taxas de conversão** entre os estágios. A taxa de conversão representa quantos consumidores de cada estágio estão migrando para o estágio seguinte, e deve ser calculada através da divisão entre o percentual de consumidores em um estágio e o anterior. Utilizando o mesmo exemplo anterior, as taxas de conversão ficariam da seguinte maneira:

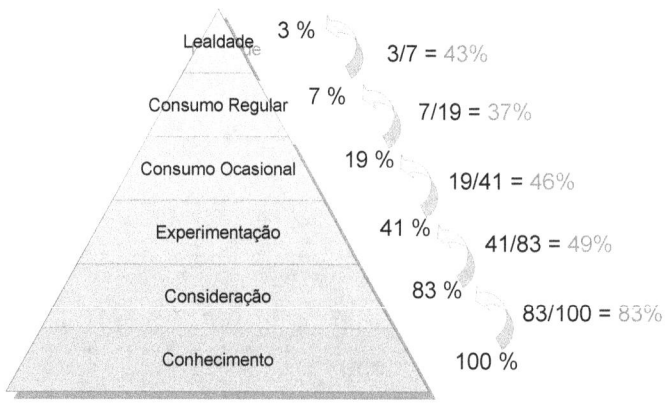

Figura 12 - Exemplo de pirâmide com taxas de conversão (os autores)

Também podemos dizer que a taxa de conversão reflete a velocidade com que os consumidores se movimentam através da pirâmide. Por exemplo, a marca parte com 83 km/h pessoas migrando de conhecimento para consideração, e diminui para 49KM/h de consideração para experimentação.

Com as taxas de conversão é possível identificar a maior dificuldade da marca, ou seja, qual estágio é mais difícil para os consumidores ultrapassarem. Neste caso do exemplo, poderíamos citar que a maior deficiência da marca é gerar regularidade, pois apenas 37% dos consumidores que consomem a marca ocasionalmente passam a consumi-la regularmente. No entanto uma simples análise desta maneira pode fazer com que os gerentes tirem conclusões precipitadas e algumas vezes erradas. Pode ser, por exemplo, que a dificuldade de gerar regularidade ao produto não seja uma dificuldade da marca analisada, mas das características do mercado como um todo em relação a este produto. É válido lembrar que desde seu desenvolvimento, a hierarquia de efeitos considera diferentes graus de intensidade entre um estágio e outro. É como afirmaram Lavidge e Steiner "os vários estágios não são necessariamente eqüidistantes. Em alguns casos a 'distância' entre conhecimento e preferência pode ser muito discreta, enquanto a distância entre preferência e compra é extremamente grande." (LAVIDGE e STEINER, 1961, p.60)

Desta forma, é extremamente necessário comparar as taxas de conversão da marca em questão com as taxas de conversão da pirâmide dos principais concorrentes. Comparando com outras marcas, devemos identificar um **benchmark** (modelo de comparação) de cada estágio, que será a maior taxa de conversão daquele estágio. Consideramos esta taxa ser um modelo e um índice que aponta o melhor desempenho, isto é, o máximo que uma marca consegue atingir, dentro de um determinado segmento, em cada estágio da pirâmide. Representa o tamanho da oportunidade máxima para uma dada marca ou segmento.

É válido ressaltar que, de forma que estes concorrentes servirão como referência, é de extrema importância a correta seleção deles na análise. Em geral os principais concorrentes são aqueles que têm um comportamento parecido, em termos de oferta de produto, preço, mercado alvo. Caso uma empresa resolva, por exemplo, comparar com um concorrente de preço mais baixo, o comportamento dos consumidores ao longo da pirâmide será diferente, provavelmente acusando que a marca analisada tem problemas nos estágios em que o consumidor se preocupa com o preço para ultrapassar.

Sabendo o *benchmark* em cada estágio, devemos compará-los com as taxas de conversão da marca analisada, para tirarmos um diagnóstico de como a marca está se comportando. Devem ser calculadas ***as áreas de oportunidade*** da marca, em cada estágio, através da diferença entre a taxa de conversão e o *benchmark*.

3.3.3 Converter a área de oportunidade para a contribuição monetária para a marca

De forma a termos uma estimativa em termos financeiros das áreas de oportunidade, precisamos saber qual a área de oportunidade em volume do produto em questão, para então saber o possível ganho monetário.

Devido ao fato das taxas de conversão serem características do comportamento dos consumidores em relação àquela marca, se houver um aumento da taxa da pirâmide em algum estágio, as taxas de conversão dos estágios seguintes serão replicadas (mesmos valores iniciais), de forma que as taxas da pirâmide nos estágios seguintes também aumentarão, como num efeito castaca. Desta forma, o aproveitamento da área de oportunidade em cada estágio trará uma contribuição monetária diferente, o que trás a necessidade de se calcular a contribuição para cada caso.

Para fazer o cálculo da contribuição monetária em um estágio, o primeiro passo é calcular a variação nas taxas das pirâmides que seriam causadas se a área de oportunidade naquele estágio fosse preenchida. Por exemplo, se a área de oportunidade no estágio de consideração fosse de 9 pontos percentuais, as novas taxas da pirâmide, mantendo as taxas de conversão iniciais, ficariam da seguinte maneira:

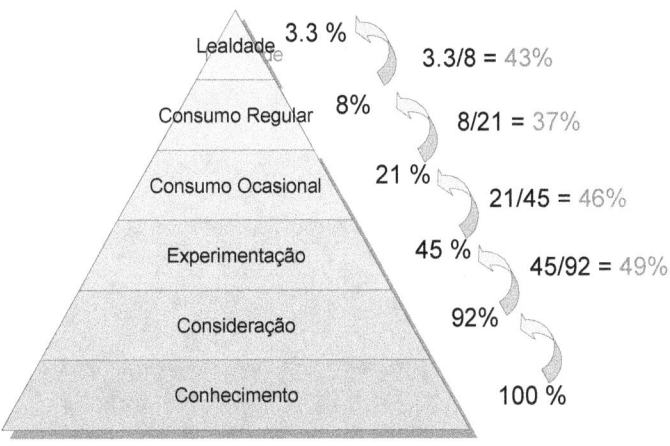

Figura 13 - Exemplo de pirâmide com taxas de conversão ao preencher área de oportunidade (os autores)

Desta forma, traria um incremento diferente para cada estágio.

Em seguida, deve-se multiplicar este incremento (aumento na taxa da pirâmide devido ao aproveitamento da área de oportunidade) pelo tamanho do segmento alvo em questão, ou seja, número de consumidores que formam o segmento analisado. Isto representará o número de consumidores a mais que a marca poderá atingir em cada estágio.

Posteriormente é necessário multiplicar o número de consumidores pelo consumo médio anual (ou mensal, dependendo do período que o planejamento envolve), chegando ao total de produtos que seria vendido se a área de oportunidade fosse aproveitada no mercado inteiro. No entanto, não necessariamente este consumo médio dos consumidores serão todos gastos com a marca em questão. Serão todos gastos com a marca apenas se o consumidor for leal e não consumir nenhuma marca diferente daquele produto. Mas se o consumidor consumir a marca ocasionalmente, parte de seu consumo será com a marca em questão, mas parte será com outras marcas. O quanto um consumidor gasta com cada marca é conhecido como *share of pocket* (participação do bolso) e varia de produto para produto, devendo, desta forma, ser levantado via pesquisa para cada empresa. Como forma de exemplificação, iremos considerar que um consumidor gasta 1% com produtos que compra para experimentar, 15% com uma marca que consome ocasionalmente, 70% com uma marca que consome regularmente e 100% com sua marca fiel. Desta forma, devemos multiplicar o número de produtos pela participação de bolso, representando o número de produtos da marca em questão que se estima que será vendido.

Para, finalmente, estimar a contribuição monetária com o aproveitamento da área de oportunidade, basta multiplicar pela margem de lucro que aquele produto trás para a companhia.

Para ficar claro o raciocínio apresentado anteriormente, segue um esquema com o passo a passo a ser realizado e um exemplo dos cálculos para a contribuição monetária. A figura busca exemplificar que o cálculo deve ser feito para todos os estágios e mostra em detalhes os cálculos para contribuição monetária ao aproveitar a área de oportunidade no estágio de consideração.

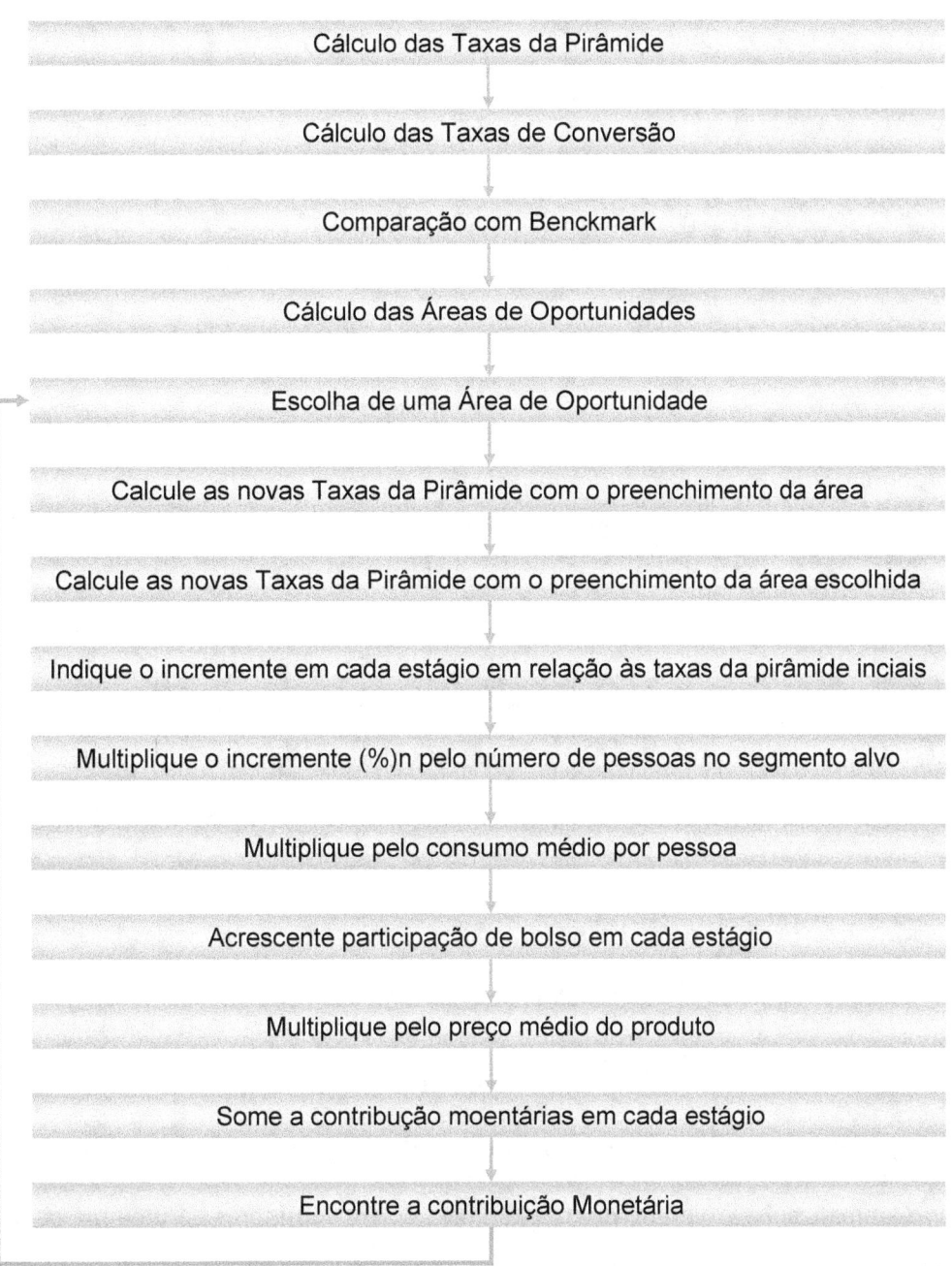

Figura 14 - Passo a passo para cálculo da contribuição monetária (os autores)

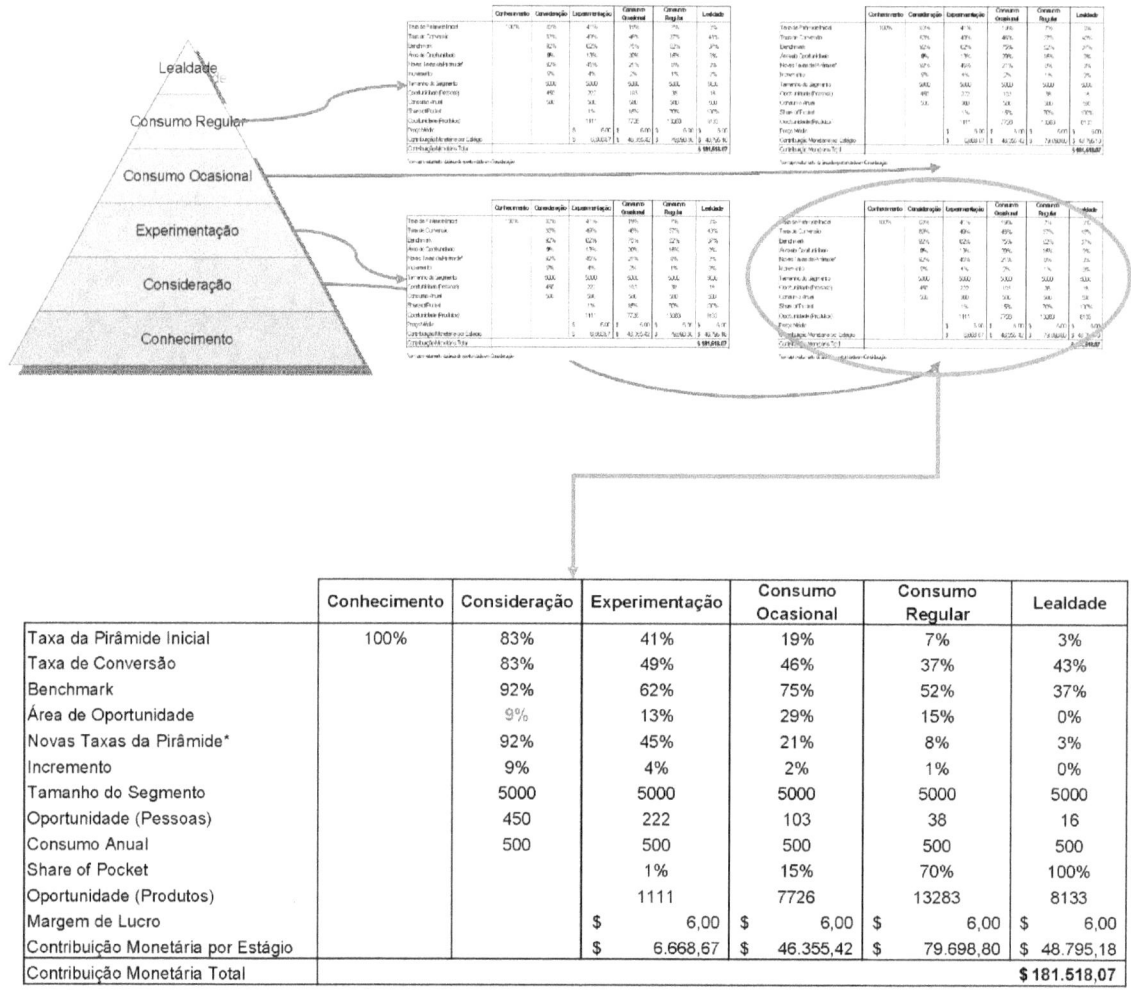

Figura 15 - Cálculo de Contribuição Monetária (os autores)

3.3.4 Ajustar a contribuição através da canibalização dentro do segmento

Canibalização é o efeito de transferência de consumidores de uma marca de uma empresa para outra marca da mesma empresa (para o caso de empresas com múltiplas marcas do mesmo produto). Por exemplo, canibalização ocorre quando uma dona de casa deixa de comprar o sabão em pó Brilhante e passa a comprar o Omo, ambos produzidos pela empresa Unilever. É importante ressaltar que nesta troca há o risco de consumidores trocarem de marca, indo para uma menos rentável.

Desta forma, o efeito da canibalização não pode deixar de ser considerado no processo previsão de contribuição e posterior definição do ponto crítico da marca, pois muitas vezes um novo consumidor por não representar contribuição para a empresa (por ser consumidor anteriormente de uma marca da mesma empresa) ou por poder representar perda monetária.

Para se calcular o efeito ponderado do crescimento de uma marca sobre outra, devemos analisar dos consumidores regulares de uma marca X, quantos consomem ocasionalmente as outras do mercado (da mesma empresa e dos principais concorrentes) e dos fumantes ocasionais desta marca X, quantos são regulares das outras. Com estes dados, é possível estimar, dado um crescimento da marca X, quantos consumidores eram anteriormente de marcas da concorrência ou da mesma empresa.

Seguindo o caso citado, supomos que, do total dos consumidores que tem Brilhante como marca ocasional, 20% consomem regularmente Minerva, 30% consomem Ace e 50% Omo. Assim, com o aumento de consumidores de Brilhante, espera-se que apenas 30% virão da concorrência (Ace), apresentando 70% de efeito de canibalização.

3.3.5 *Selecionar a melhor oportunidade como o gargalo*

Após calcular a contribuição monetária esperada ao se aproveitar a área de oportunidade em cada estágio e descontar o efeito de canibalização, aquele estágio que apresentar a maior contribuição deverá ser escolhido como o ***gargalo*** da marca. Caso não tenha ficado claro, é válido frisar que o gargalo nem sempre estará relacionado com a menor taxa de conversão porque a dinâmica do segmento em cada estágio é diferente. É muito importante rodar o modelo econômico para calcular o incremento que pode ser obtido se as "falhas forem preenchidas", conforme descrito anteriormente.

As análises do gargalo também vão contribuir no entendimento da dinâmica do segmento e identificação de fontes de volume para cada marca. Como resultado disso, os gerentes de marca podem desenvolver um melhor planejamento das atividades focando no ponto que trará o melhor retorno para os investimentos que fizerem.

3.3.6 Entender as possíveis causas (direcionadores) e construir um Plano de Marca (Brand Plan) para superar a deficiência da marca (gargalo)

Depois de identificado o gargalo da marca, deve-se identificar as possíveis causas para a marca não apresentar uma boa performance neste ponto. Chamaremos de direcionadores estas causas do desempenho da marca.

Para a identificação dos direcionares recomendamos a descrição da pirâmide de efeitos de comunicação das principais marcas dentro de um segmento e a posterior identificação dos atributos-chave (motivadores) que direcionam a conversão em cada estágio. Em seguida, deve-se comparar o desempenho atual da marca em relação a estes atributos. Idealmente, as causas devem ser levantadas através de pesquisas junto aos consumidores alvo, porém, muitas vezes por falta de orçamento, os gerentes de marketing acabam especulando, com base em sua experiência, sobre o que estaria causando o gargalo da marca.

Por exemplo, os direcionadores que podem fazer um consumidor evoluir de conhecimento para consideração e deste para experimentação pode ser: visibilidade e imagem da marca.

De experimentação para ocasional, podemos considerar: disponibilidade do produto, promoções, a performance do próprio produto e posicionamento de preço. Neste caso, o gerente responsável deve se fazer algumas perguntas:

a) A marca está disponível para os consumidores de forma que eles não tenham dificuldade para encontrá-lo?

b) Como minha marca é percebida pelos consumidores?

c) Que preços já foram praticados e que atividades promocionais já foram implementadas?

d) Meu preço está adequado com o poder de compra de meu público alvo e de acordo com a percepção de valor de minha marca?

e) O desempenho do meu produto está alinhado com as necessidades e expectativas do meu consumidor? Como o produto aparece em testes? O consumidor gosta do produto?

Uma vez levantadas todas as hipóteses, o próximo passo é comparar a performance da marca em cada elemento com relação ao principal concorrente. Quanto mais importante for a característica e maior for a distância em relação ao concorrente, maiores são as chances desta característica se tornar uma das "causas do gargalo".

Com o gargalo e seus direcionadores identificados, cabe então aos gerentes de marketing o desenvolvimento do planejamento da marca, contemplando a utilização de ferramentas mais eficientes para o atual problema da marca.

Passamos então para o próximo capítulo deste projeto, onde avaliaremos as ferramentas de marketing, e suas adequações a cada gargalo (cada estágio da pirâmide de comunicação).

4. A Utilização das Ferramentas de Marketing de Forma Eficiente

No capítulo anterior concluímos que os conceitos da hierarquia de efeitos e a pirâmide de efeitos de comunicação podem ajudar na identificação do gargalo da marca, a maior área de oportunidade, o ponto que trará o maior retorno perante os investimentos realizados. Desta forma, podemos concluir que o desenvolvimento e a utilização das ferramentas de marketing que influenciem este gargalo farão com que os investimentos sejam os mais eficientes possíveis.

Para isto, é necessário saber quais ferramentas de marketing são as mais adequadas para cada gargalo. Para tal, deveria ocorrer uma intensa e profunda pesquisa para saber o tipo de impacto de cada uma das ferramentas de marketing em conjunto com uma análise histórica, cruzando as atividades implementadas pela empresa nos anos anteriores com os resultados que trouxeram em termos de impacto na pirâmide de efeitos de comunicação. Como este não é o foco do nosso trabalho, buscaremos fazer uma descrição das atividades, baseada em pesquisa bibliográfica, e suas indicações para melhor utilização.

Faremos uso da divisão dos canais do modelo tradicional de Marketing da FMCG (*First Manhattan Consulting Group*): ATL (*Above the Line channels*) e BTL (*Below the Line channels*). Utilizaremos esta divisão apenas para descrever cada um dos canais, sem necessariamente concordar com a origem desta divisão, que considerava "acima da linha" os meios de comunicação mais importantes juntos aos consumidores e os "outros", abaixo da linha. Sabemos que cada vez mais estes, então considerados "outros" meios, criam mais força, já sendo, em determinados casos, mais relevantes que os meios tradicionais. Esta posição, inclusive, foi reforçada por Bill Lamar, *Chief Marketing Officer* do McDonald`s, durante a 85ª conferência anual da *American Association of Advertising Agencies*, afirmando: "Os dias de gastar centenas de milhões de dólares com propaganda na TV estão terminados. A companhia precisa de idéias que consigam colocá-la em contato com os consumidores individualmente no momento certo e em ambientes em que esses consumidores estejam mais receptivos para a mensagem que a empresa quer passar". (LAMAR, in GRANADO e ABREU, 2005, p. 6)

4.1. CANAIS DE COMUNICAÇÃO ATL

Os canais ATL têm um grande poder de comunicação porque possibilitam a troca de uma enorme quantidade de informações, têm grande impacto em grande número de consumidores ao mesmo tempo e permitem uma rápida comunicação. Em geral os canais ATL envolvem os meios de comunicação de massa como Televisão, Rádio, Revista, Jornal, Outdoor, Cinema, etc.

Shimp (2003) afirma que, devido à sua capacidade de alcançar um enorme número de pessoas a um relativamente baixo custo, a publicidade tradicional é utilizada para informar os consumidores sobre o lançamento de novos produtos ou aumentar a demanda de já existentes, aumentando a consciência de marca (*Awareness*). Adicionalmente também é utilizada para informar os consumidores sobre novas utilidades dos velhos produtos.

Além disso, estes meios de comunicação também podem gerar consideração e a posterior experimentação, por influenciar os consumidores, provendo motivos pelos quais eles deveriam experimentar o produto ou serviço. Outras vezes motivos não são apresentados, mas, sim, apelos emocionais que geram uma atitude positiva em relação à marca.

Pride & Ferrel (2000) defendem que estes meios de comunicação também ajudam a gerar demanda seletiva para o produto visto que as campanhas promocionais podem apontar os pontos fortes e benefícios de uma marca específica.

Estes canais foram historicamente, e continuam sendo, explorados principalmente quando o gargalo da marca é anterior à experimentação, como por exemplo, Conhecimento e Consideração. No entanto, nos últimos anos, marcas fortes e conhecidas têm procurado diferentes caminhos na mídia ATL. A Nike é um claro exemplo de marca que já é conhecida dos consumidores, porém utiliza comerciais de TV, por exemplo, para criar um elo emocional do cliente com o produto.

Vale atentar que uma das grandes vantagens do canal ATL é a liberdade de atuação, podendo objetivar ganhos nos mais diversos níveis da pirâmide em pequenos grupos específicos de consumidores ou grandes massas. Um produto de massa que pretende atingir diversos públicos pode anunciar num Outdoor numa via movimentada, num jornal de grande circulação, ou na TV ou rádio num horário específico, de forma que consiga alcançar diferentes tipos de consumidores ao mesmo tempo. Um bom exemplo seria o Assolan que, na fase de lançamento da marca, anunciava na TV no horário do Jornal Nacional, alcançando consumidores de variadas classes sociais, uma vez que todos constituíam compradores potenciais para esse tipo de produto.

Já uma empresa que busca um público específico, pode buscar um horário diferenciado na TV ou rádio, um Outdoor em outro local, uma revista com um público bem definido ou um comercial no cinema durante uma determinada sessão. Uma empresa que organiza cursos de MBA pode fazer uma propaganda na revista Exame e ter grande sucesso no investimento. Apesar disso, para uma empresa de balas, pode ser mais útil anunciar durante uma sessão de um filme infantil como Espanta Tubarões.

É indiscutível a grande quantidade de pessoas impactadas pelos canais ATL, no entanto, estes têm perdido cada vez mais sua força. A televisão, que sempre foi considerada o mais forte desses canais e ainda é, vem apresentando continuamente resultados mais fracos no que diz respeito ao número de consumidores assistindo comerciais. O problema é principalmente atribuído ao controle remoto, que permite que o espectador mude facilmente a emissora e não assista os comerciais. Outro fator é o bombardeio da mídia, que cada vez oferece mais estímulos simultâneos ao cliente que é incapaz de absorver tanta informação.

Com isso, os canais BTL conquistam cada vez mais força por sua capacidade de chegar ao cliente em situações mais singulares, onde este está mais aberto a receber os estímulos.

4.2. CANAIS DE COMUNICAÇÃO BTL

Os canais BTL são aqueles não tradicionais, normalmente utilizados para reforçar a mensagem transmitida pelos canais ATL. São bastante efetivos junto aos consumidores que já conhecem os produtos. Alguns dos canais BTL são: material de

Ponto de Venda, *Internet*, Eventos, Marketing Direto (Mala Direta, Telemarketing), Venda Pessoal (*personal selling*), Promoções, etc. Eles ganham cada vez mais valor diante das empresas devido a sua acuracidade em impactar a pessoa certa, no momento certo e com o humor certo para receber a mensagem.

Assim como o canal ATL, este também é capaz de influenciar todos os níveis da pirâmide, no entanto, atinge de forma muito mais segmentada. Uma marca de xampu que pretende atingir o público feminino pode fazer um evento promocional diretamente num cabeleireiro.

Em geral, alguns tipos de promoções como distribuição de amostras grátis (*sampling*), cupons, ou promoções de preço ou item são utilizadas para estimular a experimentação ou até mesmo consumo ocasional do produto, estando mais ao alcance dos consumidores alvo.

Adicionalmente, para manter os atuais consumidores e trazer aqueles que têm afeição pelo produto, mas ainda não praticam a recompra, é de extrema importância ter um produto satisfatório, que atenda às necessidades dos usuários tanto em qualidade quanto em preço. Desta forma, atividades de reposicionamento de preço e mudanças no próprio produto podem ser determinantes para vender um produto que cativa pessoas de classes baixas e, no entanto, não está ao seu alcance financeiro. O mesmo pode ocorrer com produtos que chamam atenção de consumidores de altas classes que, apesar disso, não o consomem por considerar que seu preço baixo não reflete o status e a diferenciação que eles demandam.

Atividades de relacionamento com consumidores como marketing direto e realização de eventos cativa os clientes, fazendo com que consumam a marca regularmente ou até se tornem fiéis a ela. Estas atividades podem trazer melhores resultados quando os consumidores estão em estágios mais avançados da pirâmide. Uma dona de casa que recebe um pequeno perfume do Boticário com um cartão no Dia das Mães pode criar vínculos emocionais com a marca que dificilmente serão apagados.

Finalmente, devido ao grande número de possibilidades de situações supracitadas, devemos estudar bem o produto em que estamos investindo, entender bem suas forças e fraquezas frente aos anseios do público-alvo para atingir o maior retorno através do menor investimento financeiro. É neste cenário que podemos utilizar a Hierarquia de Efeitos para otimizar o uso das ferramentas disponíveis.

Desde o desenvolvimento do modelo de hierarquia de efeitos, em 1961, já se propunha o uso de determinadas ferramentas de marketing, mais relevantes para cada estágio da hierarquia.

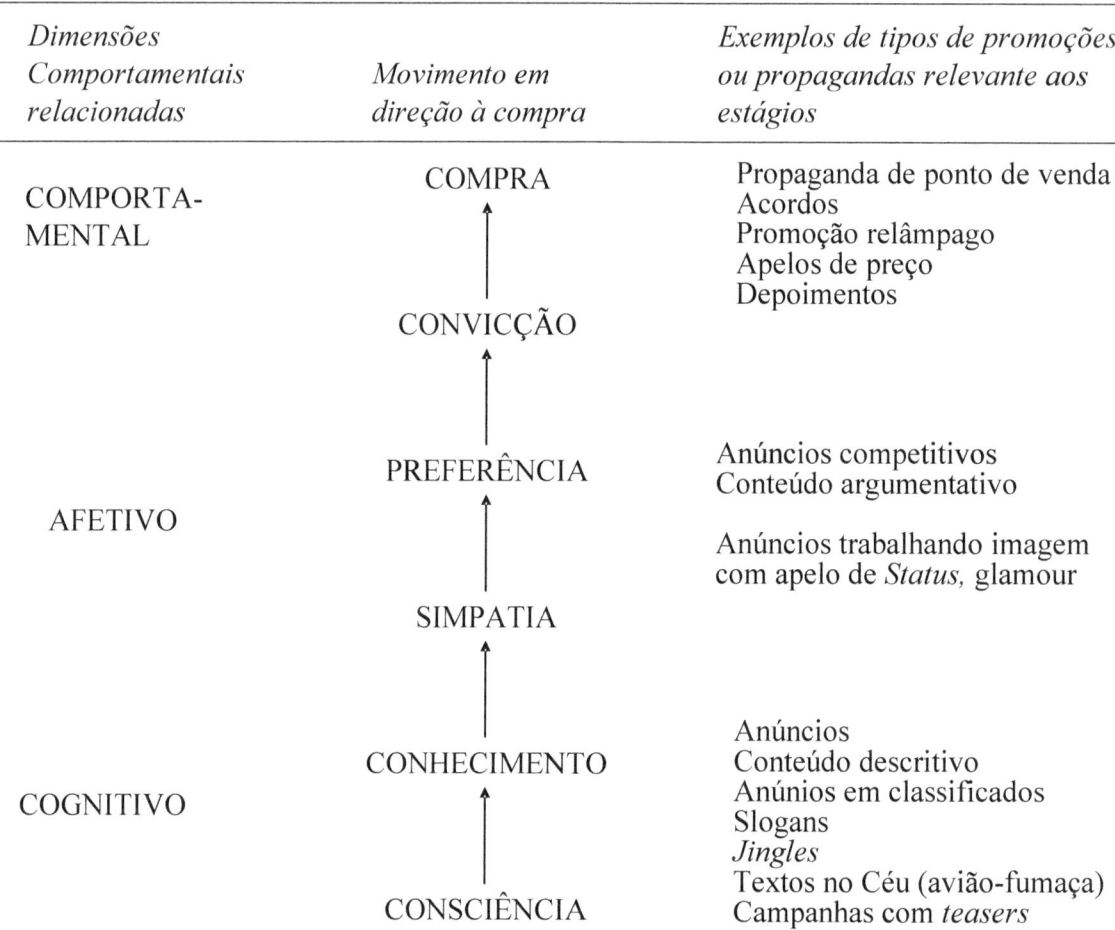

Figura 16 - Propagandas relacionada ao Modelo Hierarquia de Efeitos (adaptada de LAVIDGE e STEINER, 1961, p. 61)

5. Um Caso como Exemplo

Para uma melhor compreensão do potencial desta ferramenta, apresentaremos um caso fictício e, nele, aplicaremos a metodologia de utilização da Hierarquia de Efeitos, apresentada anteriormente no Capítulo 3.

Acreditando que utilizando um produto real as análises ficarão mais inteligíveis e palpáveis, utilizaremos o mercado de cerveja neste caso de exemplo. No entanto, ratificamos que os dados que serão apresentados são fictícios, criados por nós sem nenhum embasamento da realidade do mercado e possivelmente mais simples que a realidade, em busca de garantir uma análise mais fácil para o entendimento da ferramenta.

A aplicação será feita a partir de uma hierarquia customizada para o mercado de cerveja, lembrando que outro mercado qualquer necessitaria que todo processo apresentado a seguir fosse reiniciado do zero, uma vez que cada produto possui suas particularidades. As diferenças surgiriam tanto no que diz respeito aos estágios da pirâmide quanto ao resultado que uma ação de marketing pode causar num determinado nível.

No caso que será apresentado, as decisões serão tomadas analisando a marca Brahma. O objetivo será fortalecê-la (ganhando em volume, comunicação, etc.) sem esquecer o fato de que a marca pertence à Ambev e, portanto, sua estratégia não deve impactar negativamente as demais cervejas da companhia.

Para simplificar o exemplo, consideraremos apenas algumas marcas no mercado de cerveja. Serão elas: Brahma, Antarctica, Skol e Bohemia (da Ambev), Itaipava (da Petrópolis) e Nova Schin (da Schincariol).

Antes de iniciarmos, é preciso definir qual será a pirâmide utilizada para o mercado de cerveja. Nos colocando no lugar de um executivo responsável pela Brahma, acreditamos que os passos ideais de nossa hierarquia customizada para o mercado de cerveja seriam os seguintes:

1. Conhece a Marca (CM) – pessoas que já ouviram falar da marca
2. Compraria (CP) – pessoas consideram a possibilidade de comprar

3. Já Comprou (JC) – pessoas que já compraram a marca pelo menos uma vez
4. Compra Eventualmente (EN) – pessoas que tem o costume de comprar a marca mesmo que esporadicamente
5. Compra Eventualmente e gostaria de comprar com frequência (EF) – pessoas que compram a marca esporadicamente, porém gostariam de comprar com freqüência
6. Compra Freqüentemente (CF) – pessoas que adquirem a marca freqüentemente
7. Só Compra a Marca (SM) – pessoas que apenas adquirem esta marca e não comprariam as demais

Vale lembrar que o objetivo, a princípio, sempre será que os consumidores cheguem ao passo 7 (apenas consumam essa marca). Porém, para tal, é necessário que estes tenham passado por cada um dos 6 passos anteriores.

5.1. DESENVOLVENDO A PIRÂMIDE DE EFEITOS DA COMUNICAÇÃO

Suponhamos que, para o posicionamento da Brahma, as variáveis de segmentação consideradas sejam demográficas e geográficas e com isto os consumidores mais importantes (público alvo) sejam:

- Homens
- Entre 25 e 35 anos
- Classes A e B
- No estado do Rio de Janeiro

Então, a pirâmide deverá ser montada através de entrevistas que se encaixem na descrição acima. Vale lembrar que a quantidade de pesquisados deverá ser estatisticamente representativa em relação a todos os homens de classes A e B do Rio de Janeiro que tenham entre 25 e 35 anos. Apenas assim, poderemos garantir que os resultados expressem a situação real do mercado-alvo em relação ao produto. Na maioria dos casos, fica sob responsabilidade da empresa de pesquisa que o universo amostral entrevistado represente o todo.

Um exemplo de questionário que poderia ser aplicado para identificação do estágio em que o consumidor se encontra pode ser encontrado no Apêndice 2 – Questionário para Pesquisa identificação do nível de relacionamento do consumidor com a marca Brahma.

O resultado entregue pela empresa contratada foi o seguinte:

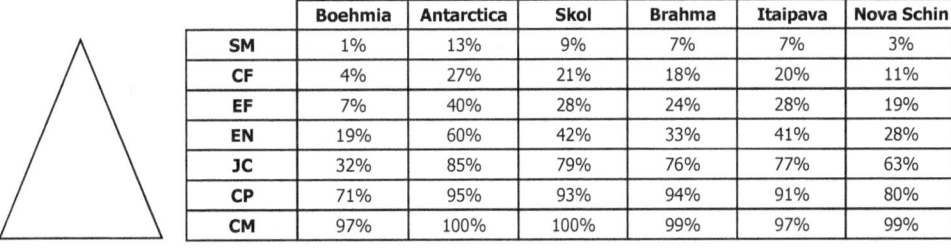

	Boehmia	Antarctica	Skol	Brahma	Itaipava	Nova Schin
SM	1%	13%	9%	7%	7%	3%
CF	4%	27%	21%	18%	20%	11%
EF	7%	40%	28%	24%	28%	19%
EN	19%	60%	42%	33%	41%	28%
JC	32%	85%	79%	76%	77%	63%
CP	71%	95%	93%	94%	91%	80%
CM	97%	100%	100%	99%	97%	99%

Figura 17 - Pirâmide de Comunicação das Marcas de Cerveja (os autores)

5.2. IDENTIFICANDO AS ÁREAS DE OPORTUNIDADE DA MARCA EM COMPARAÇÃO AO MODELO (BENCHMARK)

Para identificar as áreas de oportunidade, calcularemos as taxas de conversão de consumidores entre os estágios das marcas.

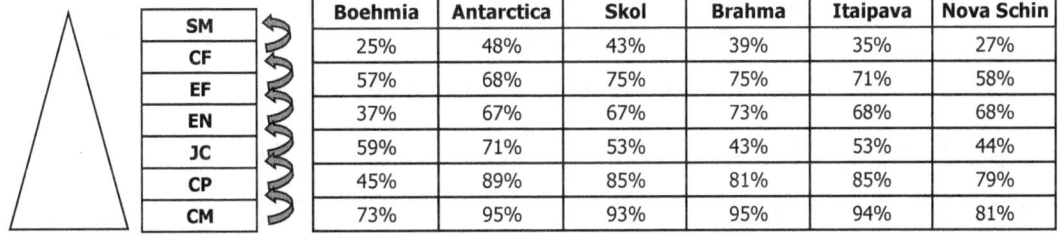

	Boehmia	Antarctica	Skol	Brahma	Itaipava	Nova Schin
SM–CF	25%	48%	43%	39%	35%	27%
CF–EF	57%	68%	75%	75%	71%	58%
EF–EN	37%	67%	67%	73%	68%	68%
EN–JC	59%	71%	53%	43%	53%	44%
JC–CP	45%	89%	85%	81%	85%	79%
CP–CM	73%	95%	93%	95%	94%	81%

Figura 18 - Taxas de Conversão das Pirâmides (os autores)

Este quadro ilustra a capacidade das marcas de, passo a passo, aumentar o nível de envolvimento do cliente. Por exemplo, 35% dos consumidores que compram Itaipava freqüentemente, se tornam fiéis. Enquanto isso, apenas 27% dos compradores de Nova Schin são fidelizados pela marca.

Outra observação interessante seria que, apesar da taxa de conversão da Skol de compradores freqüentes para fiéis ser sua menor taxa (43%), esta marca possui uma das melhores taxas desse estágio ao compararmos com o mercado. Fica apenas atrás da Antarctica (48%). Logo, dificilmente, esta seria uma área de oportunidade para a Skol.

Para identificar as áreas de oportunidade, devemos verificar quem é o *benchmark* de cada taxa de conversão e comparar com os resultados da Brahma.

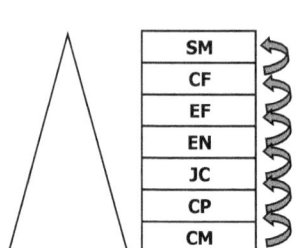

	Benchmark		Brahma	Gap
SM	Antarctica	48%	39%	9%
CF	Brahma	75%	75%	0%
EF	Brahma	73%	73%	0%
EN				
JC	Antarctica	71%	43%	27%
CP	Antarctica	89%	81%	9%
CM	Brahma	95%	95%	0%

Figura 19 - Comparação da Brahma com Benchmark (os autores)

É interessante notar que, apesar de não possuir percentuais muito altos em alguns estágios, como o EF (24%), sua taxa de conversão para o estágio EF é *benchmark* no mercado (73%).

Analisando o quadro, podemos notar que a Brahma possui áreas de oportunidades em três taxas e para estas três, deveremos calcular qual seria o cenário futuro (contribuição monetária prevista) caso investíssemos para alcançar o mesmo nível do *benchmark*. Nas outras três taxas, este cálculo não precisa ser feito, pois consideramos que a marca já atingiu o máximo de seu potencial por já ser o *benchmark*.

O próximo passo seria identificar os cenários futuros caso a marca conseguisse preencher cada um dos três potenciais separadamente (JC, EM e SM). Este cálculo é feito preenchendo-se o potencial que se está analisando e mantendo fixas as demais taxas de conversão.

Assim, teremos três cenários possíveis de taxas de conversão:

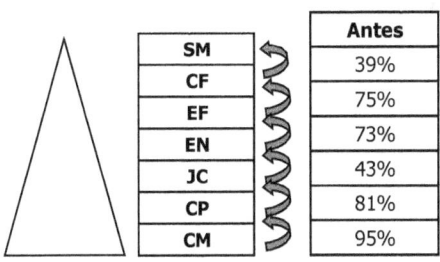

	Antes	Após preencher:		
		JC	EN	SM
SM	39%	39%	39%	**48%**
CF	75%	75%	75%	75%
EF	73%	73%	73%	73%
EN	43%	43%	**71%**	43%
JC	81%	**89%**	81%	81%
CP	95%	95%	95%	95%
CM				

Figura 20 – Cenários Futuros das Taxas de Conversão da Brahma (os autores)

Com isso, as pirâmides seriam as seguintes:

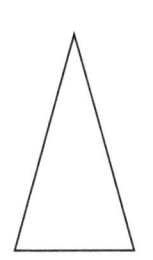

	Antes	Após preencher:		
		JC	EN	SM
SM	7%	8%	11%	9%
CF	18%	20%	29%	18%
EF	24%	27%	39%	24%
EN	33%	37%	54%	33%
JC	76%	84%	76%	76%
CP	94%	94%	94%	94%
CM	99%	99%	99%	99%

Figura 21 - Cenários Futuros das Taxas da Pirâmide da Brahma (os autores)

5.3. CONVERTENDO A ÁREA DE OPORTUNIDADE PARA CONTRIBUIÇÃO FINANCEIRA PARA A MARCA

Para entender as áreas de oportunidade e como acontecerá o impacto na marca, é preciso levantar o consumo médio por cliente e o share de consumo.

Consideraremos que o homem entre 25 e 35 anos da classe AB do Rio de Janeiro (num total de 100.000 pessoas) toma 1 litros de cerveja por mês. E que seus gastos com cerveja se dividem entre os estágios da pirâmide com os seguintes percentuais:

1. Conhece a Marca – (CM) – 0%
2. Compraria (CP) – 0 %
3. Já Comprou (JC) – 0% (quantidade irrelevante para o total de mercado)
4. Compra Eventualmente (EN) – 15%

5. Compra Eventualmente e gostaria de comprar com freqüência (EF) – 25%
6. Compra Freqüentemente (CF) – 70 %
7. Só Compra a Marca (SM) – 95%

Partimos do pressuposto que, dentro das marcas da Ambev, Bohemia traz a maior margem de lucros para a empresa, seguida de Skol e Brahma empatadas e Antarctica traz a menor margem.

Consideremos os valores como 10 centavos por unidade de Antarctica, 20 para Brahma e Skol e 35 para Bohemia.

Portanto, devemos calcular a contribuição financeira para cada caso. multiplicando a quantidade de pessoas do universo alvo (100.000 homens AB- RJ – 25 a 35 anos) pelo percentual de pessoas num determinado estágio (exemplo: Antes, EF = 24%). Em seguida, multiplicamos o valor pela margem dada pela marca (Brahma – R$ 0,20) e pelo percentual de gastos com cerveja do estágio (EF = 25%). O resultado será a contribuição daquele estágio (Ex: 100.000 x 24% x R$0,20 x 25% = R$ 1.200,00). Assim, temos os seguintes resultados:

	Preenchendo Área de Oportunidade no Estágio JC								
	Taxa de Conversão Depois	Taxa de Pirâmide Depois	Taxa de Pirâmide Antes	Incremento	Tamanho Pop. Target	Consumo Médio	Participação dos gastos	Margem Lucro	Contribuição Monetária
SM	39%	8%	7%	1%	100.000	1	95%	R$ 0,20	R$ 141,84
CF	75%	20%	18%	2%	100.000	1	70%	R$ 0,20	R$ 268,75
EF	73%	27%	24%	3%	100.000	1	25%	R$ 0,20	R$ 127,98
EN	43%	37%	33%	4%	100.000	1	15%	R$ 0,20	R$ 105,58
JC	**89%**	84%	76%	8%	100.000	1	0%	R$ 0,20	R$ 0,00
CP	95%	94%	94%	0%	100.000	1	0%	R$ 0,20	R$ 0,00
CM		99%	99%	0%	100.000	1	0%	R$ 0,20	R$ 0,00
									R$ 644,16

	Preenchendo Área de Oportunidade no Estágio EN								
	Taxa de Conversão Depois	Taxa de Pirâmide Depois	Taxa de Pirâmide Antes	Incremento	Tamanho Pop. Target	Consumo Médio	Participação dos gastos	Margem Lucro	Contribuição Monetária
SM	39%	11%	7%	4%	100.000	1	95%	R$ 0,20	R$ 832,14
CF	75%	29%	18%	11%	100.000	1	70%	R$ 0,20	R$ 1.576,68
EF	73%	39%	24%	15%	100.000	1	25%	R$ 0,20	R$ 750,80
EN	71%	54%	33%	21%	100.000	1	15%	R$ 0,20	R$ 619,41
JC	**81%**	76%	76%	0%	100.000	1	0%	R$ 0,20	R$ 0,00
CP	95%	94%	94%	0%	100.000	1	0%	R$ 0,20	R$ 0,00
CM		99%	99%	0%	100.000	1	0%	R$ 0,20	R$ 0,00
									R$ 3.779,04

	Preenchendo Área de Oportunidade no Estágio SM								
	Taxa de Conversao Depois	Taxa de Pirâmide Depois	Taxa de Pirâmide Antes	Incremento	Tamanho Pop. Target	Consumo Médio	Participação dos gastos	Margem Lucro	Contribuição Monetária
SM	**48%**	9%	7%	2%	100.000	1	95%	R$ 0,20	R$ 316,67
CF	75%	18%	18%	0%	100.000	1	70%	R$ 0,20	R$ 0,00
EF	73%	24%	24%	0%	100.000	1	25%	R$ 0,20	R$ 0,00
EN	43%	33%	33%	0%	100.000	1	15%	R$ 0,20	R$ 0,00
JC	81%	76%	76%	0%	100.000	1	0%	R$ 0,20	R$ 0,00
CP	95%	94%	94%	0%	100.000	1	0%	R$ 0,20	R$ 0,00
CM		99%	99%	0%	100.000	1	0%	R$ 0,20	R$ 0,00
									R$ 316,67

Figura 22 - Contribuição monetárias nos cenários futuros (os autores)

Podemos notar que o incremento financeiro trazido pela cobertura do potencial de EN é bem superior aos demais. No entanto, uma variável importante ainda não foi levada em consideração, a canibalização entre as marcas da Ambev.

5.4. Ajustando a contribuição através da canibalização dentro do segmento

Primeiramente, temos que analisar de onde virão os novos consumidores que entrariam para a Brahma segundo alguma ação de marketing de sucesso. O objetivo será conquistar os bebedores de Itaipava, mas é impossível ter uma ação de marketing sem impactar todas as marcas do mercado. Em termos de rentabilidade, a canibalização será benéfica para a companhia caso ocorra com a Antarctica, uma vez que esta possui uma margem inferior, no entanto, o contrário ocorre quanto à Bohemia.

Portanto, precisamos levantar para cada um dos 4 estágios que geram retorno financeiro (os três primeiros estágios representam 0% dos gastos do consumidor) de onde virão os novos clientes. Por exemplo, digamos que entre os que compram Brahma eventualmente e gostariam de ser freqüentes mas ainda não compram (EF), 30% sejam freqüentes de Antarctica, 15% de Skol, 15% de Boehmia, 30% de Itaipava e 10% de Nova Schin. Após realizar uma atividade com a marca que transformasse clientes eventuais em freqüentes, é provável que os novos bebedores viessem das mesmas marcas citadas acima, nas mesmas taxas.

Levantando estes dados para cada estágio, chegaremos à seguinte tabela:

	Boehmia	Antarctica	Skol	Itaipava	Nova Schin	Total
CF, não SM	45%	10%	30%	10%	5%	100%
EF, não CF	15%	30%	15%	30%	10%	100%
EN, não EF	10%	30%	35%	10%	15%	100%
JC, não EN	35%	25%	5%	15%	20%	100%

Figura 23 - Fontes Percentuais de Pessoas que podem ser conquistadas, por estágio (os autores)

Temos que manter em mente as seguintes considerações:

- Todo novo cliente proveniente de concorrentes de outras companhias traz resultado financeiro (no caso do EF de Brahma que não é CF, 40% - Itaipava + Nova Schin)
- Os consumidores da própria empresa:
    - não trazem impacto financeiro caso venham de uma marca com a mesma margem (15% - Skol)
    - trazem impacto positivo quando provenientes de marcas de menor margem (30% - Antarctica)
    - trazem impacto negativo caso venham de marcas com margens maiores (15% - Bohemia)

Desta forma, o ganho em cada um dos estágios trás, ao invés da margem de lucro da marca apontado anteriormente, um ganho específico, dependendo de quais os consumidores a marca estará "roubando".

	Boehmia	Antarctica	Skol	Itaipava	Nova Schin	Ganho Médio
CF, não SM	45%	10%	30%	10%	5%	-R$ 0,03
EF, não CF	15%	30%	15%	30%	10%	R$ 0,09
EN, não EF	10%	30%	35%	10%	15%	R$ 0,07
JC, não EN	35%	25%	5%	15%	20%	R$ 0,04

Margem da Brahma	R$ 0,20	R$ 0,20	R$ 0,20	R$ 0,20	R$ 0,20
Margem da Marca	R$ 0,35	R$ 0,10	R$ 0,20	R$ 0,00	R$ 0,00
Ganho	-R$ 0,15	R$ 0,10	R$ 0,00	R$ 0,20	R$ 0,20

Figura 24 - Ganho Médio por Estágio (os autores)

Aplicando a canibalização, encontraremos um novo quadro de contribuição financeira:

	Preenchendo Área de Oportunidade no Estágio JC								
	Taxa de Conversão Depois	Taxa de Pirâmide Depois	Taxa de Pirâmide Antes	Incremento	Tamanho Pop. Target	Consumo Médio	Participação dos gastos	Ganho Médio	Contribuição Monetária
SM	39%	8%	7%	1%	100.000	1	95%	-R$ 0,03	-R$ 19,50
CF	75%	20%	18%	2%	100.000	1	70%	R$ 0,09	R$ 117,58
EF	73%	27%	24%	3%	100.000	1	25%	R$ 0,07	R$ 41,59
EN	43%	37%	33%	4%	100.000	1	15%	R$ 0,04	R$ 22,44
JC	**89%**	84%	76%	8%	100.000	1	0%		R$ 0,00
CP	95%	94%	94%	0%	100.000	1	0%		R$ 0,00
CM		99%	99%	0%	100.000	1	0%		R$ 0,00
									R$ 162,11

	Preenchendo Área de Oportunidade no Estágio EN								
	Taxa de Conversão Depois	Taxa de Pirâmide Depois	Taxa de Pirâmide Antes	Incremento	Tamanho Pop. Target	Consumo Médio	Participação dos gastos	Ganho Médio	Contribuição Monetária
SM	39%	11%	7%	4%	100.000	1	95%	-R$ 0,03	-R$ 114,42
CF	75%	29%	18%	11%	100.000	1	70%	R$ 0,09	R$ 689,80
EF	73%	39%	24%	15%	100.000	1	25%	R$ 0,07	R$ 244,01
EN	71%	54%	33%	21%	100.000	1	15%	R$ 0,04	R$ 131,63
JC	**81%**	76%	76%	0%	100.000	1	0%		R$ 0,00
CP	95%	94%	94%	0%	100.000	1	0%		R$ 0,00
CM		99%	99%	0%	100.000	1	0%		R$ 0,00
									R$ 951,02

	Preenchendo Área de Oportunidade no Estágio SM								
	Taxa de Conversao Depois	Taxa de Pirâmide Depois	Taxa de Pirâmide Antes	Incremento	Tamanho Pop. Target	Consumo Médio	Participação dos gastos	Ganho Médio	Contribuição Monetária
SM	**48%**	9%	7%	2%	100.000	1	95%	-R$ 0,03	-R$ 43,54
CF	75%	18%	18%	0%	100.000	1	70%	R$ 0,09	R$ 0,00
EF	73%	24%	24%	0%	100.000	1	25%	R$ 0,07	R$ 0,00
EN	43%	33%	33%	0%	100.000	1	15%	R$ 0,04	R$ 0,00
JC	81%	76%	76%	0%	100.000	1	0%		R$ 0,00
CP	95%	94%	94%	0%	100.000	1	0%		R$ 0,00
CM		99%	99%	0%	100.000	1	0%		R$ 0,00
									-R$ 43,54

Figura 25 - Contribuição Monetária com efeito da canibalização (os autores)

Considerando os dados acima, podemos afirmar com maior segurança que o investimento no estágio EN trará maior retorno financeiro para a empresa. É interessante notar que um investimento para aumentar o número de pessoas que compram Só a Marca (SM) seria ruim para a empresa.

5.5. ENTENDENDO AS POSSÍVEIS CAUSAS E CONSTRUINDO O PLANO DA MARCA

A partir daí, a gerência da Brahma tem como desafio compreender porque alguns clientes que já compraram a marca (JC), não a consumem eventualmente (EN). A melhor forma de chegar a num resultado confiável seria consultar diretamente os compradores.

Especulando, poderíamos afirmar que os direcionadores são: produto ("experimentou e não gostou"), disponibilidade ("gostou mas tem dificuldade de encontrar") ou preço ("já comprou mas acha caro"). No entanto, como resultado de pesquisa, descobrimos que o consumidor afirma que gosta do produto e acha o preço justo, porém não gosta de variar a marca e, portanto, prefere marcas que sabe que vai encontrar em qualquer lugar que freqüente.

Identificado o motivo, o Plano da Marca deve focar em ações que atuem diretamente em disponibilidade. O ideal seria identificar os principais pontos de venda onde o público alvo está, e intensificar a distribuição nestes locais.

Dessa forma, o investimento seria bem menor uma vez que a ação atingiria diretamente o problema da marca. E o retorno ainda seria potencializado, pois a gerência estaria atuando precisamente no ponto que traria maior contribuição financeira para a empresa.

6. Conclusão

Ao finalizar este projeto sabemos que os consumidores passam por uma série de estágios mentais desde o momento da falta de consciência da existência de um produto até o momento que, não apenas o compra, mas como se torna fiel a ele. Descritos no modelo de Hierarquia de Efeitos estes estágios podem ser muito úteis para os gerentes de marketing ao estabelecerem seus objetivos e desenvolverem suas campanhas de marketing.

Ressaltamos que este processo do comportamento do consumidor abre oportunidade para estudos posteriores, mais aprofundados, de como utilizar não apenas a seqüência de estágios mentais considerados na Hierarquia de Efeitos, mas também o processo de decisão de compra (apresentado na item 1.3.1). É claro para nós que estes dois processos se cruzam em determinados momentos e que um maior entendimento do cruzamento dos dois poderá contribuir ainda mais para um planejamento eficiente da marca.

Adicionalmente, deixamos clara a necessidade de se utilizar o modelo de Hierarquia de Efeitos de uma forma adaptada, devido às limitações da teoria. No entanto, mostramos neste projeto como é possível flexibilizá-la, permitindo que ela seja usada de maneira diferente para cada tipo de mercado ou para cada tipo de interesse de quem a utiliza. Acreditamos que a utilização da Hierarquia de Efeitos é capaz de apresentar resultados que facilitam a identificação de oportunidades em qualquer tipo de mercado. No entanto, para tal, fica a necessidade de um desenvolvimento mais a fundo da aplicação da metodologia aqui sugerida para diferentes produtos (serviços, por exemplo) e, também diferentes relacionamentos como fornecedor-cliente, como por exemplo o relacionamento *Business-to-Business* (empresa com empresa).

Por fim, concluímos que esta ferramenta existe um enorme potencial em tornar os investimentos de marketing muito mais eficientes, trazendo um maior retorno, para menores gastos. Isto é possível pois este modelo permite, a partir da identificação da maior área de oportunidade da marca, ou seja, aquela que trará o maior retorno para a empresa se for desenvolvida, a potencialização da utilização das ferramentas de marketing, utilizando as mais adequadas para cada caso.

7. REFERÊNCIAS BIBLIOGRÁFICAS

1) AAKER, David A. *Marcas: Brand Equity gerenciando o valor da marca.* Negócio Editora, 1998

2) ALVES, N. *A Utilização do Composto Mercadológico no Marketing Político Brasileiro.* Artigo publicado no portal RP. 2002 (http://www.portal-rp.com.br/bibliotecavirtual/administracaoemarketing/0129.htm)

3) BAGOZZI et al. *The Construct Validity of the Tripartite Classification of Attitudes*, Journal of Marketing Research, 1979.

4) BERGER, A.A. *Ads, Fads, and Consumer Culture.* Lanham: Rowman and Littlefield Publishers Inc. 2000

5) CELUCH. K, e SLAMA, M. *Program Content and Advertising Effectiveness: A Test of the Congruity Hypothesis for Cognitive and Affective Sources of Involvement.* – Psycology & Marketing, 1993

6) COBRA, M. *Administração de marketing.* Ed. Atlas, 1992.

7) COBRA, M. H. N. *Marketing básico: uma perspectiva brasileira.* Ed. Atlas, 1997.

8) CRELLEY E HOEGER (2005) – *Information processing* – Apresentação para curso de Introdução à Propaganda e Psicologia do Consumidor, da Escola de Psicologia da Universidade de Exeter. www.ex.ac.uk/Psychology/docs/courses/m092/info.processing.david.crelley.ppt

9) ENGEL, J.F., BLACKWELL, R.D., MINIARD, P.W. *Comportamento do Consumidor.* LTC Editora, 2000.

10) FALCO, L. (2005) – Apresentação do capítulo 7 da Disciplina Introdução à Comunicação de Marketing, da Anderson University, com base em BELCH & BELCH (2004) - *Advertising and Promotion: And Integrated Marketing Communications Perspective* -http://facultyweb.anderson.edu/~llfalco/BSNS%203550/BSNS3550-Chapter%20Seven.ppt

11) FILL, C. *Marketing Communications: Frameworks, Theories, and Applications.* London: Prentice Hall, 1995.

12) GIGLIO, E. *O Comportamento do Consumidor*. Ed. Pioneira, 1996

13) GOCKEL, S. – *The role of marketing communications* - Resumo de tese na Gutenberg-Universitaet Mainz, 2000.

14) GRANADO e ABREU, *Que Venha o Futuro – As transformações da publicidade a partir da relação entre tecnologia e ser-humano*, Artigo para 8º Prêmio de Mídia, 2005

15) GREENWALD, A. e LEAVITT, C – *Audience Involvement in Advertising: Four Levels.* Journal of Consumer Research, 1984.

16) KARSAKLIAN, E. *Comportamento do Consumidor*. Ed. Atlas, 2000.

17) KHERMOUCH, G. *The Best Global Brands – BusinessWeek and Interbrand tell you what they're worth.* Reportagem da BusinessWeek Online, 15/08/2002.

18) KOTLER, P. *Administração de Marketing*. Ed. Atlas, 5ª edição.1998.

19) KOTLER, P. *Princípios de Marketing*. Ed. Livros Técnicos e Científicos, 7 edição.1999.

LANCASTER. G. *Above- and Below- the line Promotion.* www.da-group.co.uk/geoff_lancaster/ communications_mix_handout.doc

20) LAVIDGE, R. e STEINER, G. - *A Model for Predictive Measurements of Advertising Effectiveness* – Journal of Marketing, 1961

21) LEVY, S. e KOTLER, P. *Beyond Marketing: the Furthering Concept*, California Management Review, 1969

22) NAVACINSK e TARSITANO. *Marca. Patrimônio das Empresas e Diferencial dos Produtos. O Valor e o Poder das Marcas.* 2003

23) PINHO, J.B. *O poder das marcas*. Ed. Summus. 1996

24) PRIDE. W e FERRELL, O. *Marketing. Concepts and Strategies,* Houghton Mifflin Company, 2000

25) SERRANO, D. P. *Teoria de Maslow – A Hierarquia das Necessidades --* http://www.portaldomarketing.com.br/Artigos/maslow.htm, 04/01/2003

26) SHIMP, T. *Advertising, Promotion, & Supplemental Aspects of Integrated Marketing Communications,* Thomson South-Western, 2003

27) SILVA, A. *Afinal o que é Marketing?* Reportagem para Revista Exame, 30/07/97

28) TAVARES, Mauro Calixta - *A Força da Marca. Como construir e Manter Marcas Fortes* - São Paulo, Editora Habra, 1998

29) http://www.ciadvertising.org/student_account/fall_01/adv382j/taral/frame_introduction.html

8. Apêndices

8.1. Apêndice 1 – Estágios da Pirâmide para diferentes indústrias

Automóveis

Refrigerantes

Comércio Eletrônico

8.2. APÊNDICE 2 – QUESTIONÁRIO PARA PESQUISA IDENTIFICAÇÃO DO NÍVEL DE RELACIONAMENTO DO CONSUMIDOR COM A MARCA BRAHMA

Depois de verificar se o entrevistado se enquadra no público alvo, o entrevistador deve fazer as seguintes perguntas:

1. Qual a marca de cerveja que você bebe mais freqüentemente?
2. Além de sua marca mais freqüente, você bebe alguma outra marca de cerveja?
3. Quais?
4. Você conhece ou já ouviu falar da marca Brahma?
5. Você já comprou a marca Brahma alguma vez?
6. Qual destas frases melhor representa sua intenção em relação à marca Brahma?
   - Eu gostaria de experimentar esta marca.
   - Pode ser que eu venha a experimentar esta marca.
   - Eu não tenho interesse em experimentar esta marca.
7. Qual destas frases melhor representa sua intenção em relação à marca Brahma?
   - Eu consideraria comprar esta marca com freqüência.
   - Eu não consideraria comprar esta marca com freqüência, mas compraria em algumas situações.
   - Eu nunca compraria essa marca.

9. ANEXO - VALOR DAS MARCAS

Estudo realizado pela Interbrand e publicado pela Business Week em 1º de agosto de 2001 (retirado de NAVACINSK e TARSITANO, 2003)

Marca	Valor da Marca (2001) US$ bilhões	País
Coca-cola	68,95	EUA
Microsoft	65,07	EUA
IBM	52,75	EUA
GE	42,4	EUA
Nokia	35,04	Finlândia
Intel	34,67	EUA
Disney	32,59	EUA
Ford	30,09	EUA
Mc Donald's	25,29	EUA
AT&T	22,83	EUA
Marlboro	22,05	EUA
Mercedes	21,73	Alemanha
Citibank	19,01	EUA
Toyota	18,58	Japão
Hewlett-Packard	17,98	EUA
Cisco Systems	17,21	EUA
American Express	16,92	EUA
Gillette	15,3	EUA
Merril Lynch	15,02	EUA
Sony	15,01	Japão
Honda	14,64	Japão
BMW	13,86	Alemanha
Nescafé	13,25	Suíça
Compaq	12,35	EUA
Oracle	12,22	EUA
Budweiser	10,84	EUA
Kodak	10,8	EUA
Merck	9,67	EUA
Nintendo	9,46	Japão
Pfizer	8,95	EUA
Gap	8,75	EUA
Dell	8,27	EUA
Goldman Sachs	7,86	EUA
Nike	7,59	EUA
Volkswagen	7,34	Alemanha

Figura 26 - Valor das Marcas Mundiais (in NAVACINSK e TARSITANO, 2003)

Em 2001 a Interbrand realizou estudo similar no Brasil, apresentando o ranking das marcas:

Posição	Marca	Valor US$ milhões
1	Itaú	970
2	Bradesco	697
3	Ambev	667
4	Banco do Brasil	308
5	Unibanco	303
6	Embraer	196
7	Varig	187
8	Multibrás	179
9	Embratel	177
10	Gradiente	153
11	Sadia	128
12	Tigre	110

Figura 27 - Ranking das Marcas brasileiras mais valiosas (Interbrand, in NAVACINSK e TARSITANO, 2003)

www.ingramcontent.com/pod-product-compliance
Lightning Source LLC
Chambersburg PA
CBHW062121220526
45471CB00010B/3820